中国市場で日本の商品を「高く売る」ためのマーケティング戦略

船井（上海）商務信息諮詢有限公司
（船井総合研究所 中国現地法人）総経理
中野 好純

SOGO HOREI PUBLISHING CO., LTD

はじめに

本書は、巨大な市場である中国で自社の商品・サービスやブランドを展開するための市場分析や戦略の立案について、具体的なノウハウを提供するものです。

私が所属する船井総合研究所（以下、船井総研）は６００名ものコンサルタントを擁する日本最大級のコンサルティングファームです。私自身は、主にクライアント企業のグローバル戦略立案や販売支援のお手伝いを行ってきました。２０１２年に船井総研が海外法人として「船井（上海）商務信息諮詢有限公司」（以下、船井総研上海）を中国の上海に設立してからは、総経理として上海をベースにコンサルティングをしています。船井総研の日本本社やクライアント企業の日本本社とも定期的にミーティングを行うため、最近では中国と日本との往復が毎月続いています。

日本でコンサルティングをしていた時期は日本人の感覚で中国ビジネスを見ていましたが、中国に赴任してからは中国側の視点からも中国ビジネスを見られるようになりました。

その結果、中国に進出している日本企業が抱える様々な問題点が、中国と日本のビジネスの捉え方の違いから来ている可能性が大きいことを実感するようになりました。

たとえば、日本にいる人からすれば、中国の経済成長力が近年衰えを見せ始めているという見解が一般的ではないでしょうか？　確かに一時の年10％を超える経済成長はもうないでしょう。しかし、上海にいると上海の中心部だけでなく郊外にもビジネスエリアや商業施設の建設ラッシュが続いていることがわかります。上海の地下鉄はすでに16本目が完成し、都市と都市を結ぶ高速鉄道や高速道路などのインフラもどんどん整ってきています。どんなに控え目な見方をしても、中国の経済成長力の衰えを感じることはできません。

本書は、日本人がメディアなどから普段感じている中国のイメージ、とりわけ経済成長が停滞し、これからはビジネスチャンスがどんどんなくなってくるのではないかというイメージに正面から反論させていただき、これからも中国経済は伸び続け、国民所得は豊かになり、日本の良い商品が高くても売れ続けていくという現状を改めて認識していただきたいという思いで執筆しました。

日本で中国人観光客の〝爆買《ばくが》い〟という言葉がニュースで飛び交うようになってきたのは2014年ごろです。ちょうど円安が進み、海外からの観光客が日本で買い物する際に非常に割安感が出てきたことが背景です。特に中国人観光客は、主に買い物目的で日本に観光に来ています。旅行会社主催のツアーが一般的ですが、銀座などの繁華街でバスを降りた瞬間に大勢の中国人が札束を握りしめて（実際にはクレジットカードの人も多いですが）お目当てのブランド品店を目指して一目散に向かう様子をよく目にするようになりました。ちょうどバブル期の日本人が香港に買い物ツアーに出かけていたときの様子をさらに激しくしたイメージです。

中国マーケットはさらなる成長を続けますし、豊かになってくる中国人もどんどん増え続けます。たとえ今後、日中関係が改善しないとしても、現在中国人が持っている豊かさへの成長ベクトルを止めることはできません。豊かになっている中国人が増え続けていること、実際に中国での物価、所得が上昇し続けていること、海外に足を運んでまで良いものを求めることに貪欲になっていることなど、中国の消費市場は世界最高の盛り上がりを見せています。

今だからこそ、世界一の巨大市場に「高く売る」ことを日本企業は真剣に考えなければならないのではないでしょうか？「高く売る」ためには商品のバリューを瞬間で感じさせる必要があります。本書では、そのためのマーケティング・ノウハウを、私が実際にコンサルティングしてきた事例も交えながら、できるだけわかりやすく解説していきます。

第1章では、「なぜ今中国ビジネスが大切なのか」という私の問題意識を読者のみなさまと共有させていただき、まだまだ中国にはビジネスチャンスがあることを再確認します。

第2章では、中国で日本の商品が「高く売れる背景」を現地のコンサルタントの視点から詳しく解説します。同時に中国市場はどんな市場で、どのような人（会社）が勝つようになっているのかについて理解を深めていきます。

そして第3章では、販売の様々なパターンに沿って勝ちパターンをルール化しました。ビジネスとして中国市場で売ることが大命題の読者にとって具体的なノウハウが凝縮してあります。

第4章では、中国ビジネスをさらに推進していくための実行責任者や担当者としての心構えなどを僭越ながら記させていただきました。

最後に、巻末対談として、中国人との異文化間コミュニケーションの講師として著名で、同時に日本企業の中国市場進出のコーディネーターとしても活躍している吉村章氏との対談を通じて、本書で私が主張したい内容を補完します。

本書が、実際に中国での販売に携わっていて様々なハードルや課題に直面している方、中国市場を改めてビジネスチャンスと捉えてこれから進出することを検討している方、中国ビジネス全般に興味のある方、中国の歴史文化に興味のある方等々、様々な読者の方々が改めて中国ビジネスを考え直すきっかけになれば、この上ない喜びです。

CONTENTS

はじめに… 2

第1章 改めて考える、なぜ今中国なのか？

01 なぜ、多くの企業は中国ビジネスに希望を失ったのか？… 12
02 グローバル戦略における中国の重要性は変わらない… 18
03 中国は「安く作る」工場ではなく、「高く売る」市場になった… 22
04 アジア戦略と「チャイナ・プラス・ワン」の誤解… 28
05 メディアの中国報道をそのまま信じてはいけない… 32
06 今後は資金のない会社でも中国ビジネスで勝てる… 37

第2章 中国市場を〝見える化〟する方法

01 中国市場はすでに成熟飽和期に入っている？… 42
02 上海を狙うな、二級三級都市を狙おう… 51
03 市場を徹底的に〝見える化〟することが必要… 57

04 市場を〝見える化〟するための正しいプロセス…63
05 市場調査をする前に仮説を作ろう…68
06 市場が見えたら戦略は自ずと見えてくる…73
07 中国人消費者を理解するキーワード…78
08 ベビー・キッズ関連商品は今が最大のチャンス…90
09 これからの中国市場の主戦場はどこか…95
10 中国のネット販売（EC）市場をどう捉えるか…99
11 【事例】「映像」というコンテンツの商品化…117

第3章 パターン別、中国市場販売で勝利する戦略

01 必ず理解しなくてはならない内販市場の戦略パターン…124
02 【パターン①】自社で店舗を構えて直接販売する…128
03 【パターン②】代理店、パートナーを介して店で販売する…139
04 【パターン③】ECなど無店舗チャネルで直接販売する…148

CONTENTS

05 【パターン④】パートナー・代理店を介して無店舗チャネルを運営する…162
06 「中国に会社を設立せずに売る」という発想…167
07 中国内販ビジネスの事例…175

第4章 中国ビジネスで勝つための日本人のマインド・リセット

01 中国ビジネスとは世界と戦うこと…188
02 日本病に陥っていませんか?…192
03 フィールドが違えばルールも変わる…195
04 日本語だけで仕事ができると思ってはいけない…200
05 次世代のリーダーにグローバルマインドを植えつける…203
06 「様子を見る」「バタバタしている」は禁句…206
07 グローバル人事で頭を悩ます日本人総経理…209
08 意思決定できない日本人総経理の悲哀…212
09 中国は「商人の国」、日本は「職人の国」…217

10 これから10年どう中国で戦うか？……221

巻末対談　中野好純×吉村章
中国ビジネスでの〝正しい〟戦い方……226

おわりに……249

装丁　小松学（ZUGA）
本文デザイン　土屋和泉
本文DTP・図表作成　横内俊彦
イラスト　aslysun/Shutterstock

第1章

改めて考える、なぜ今中国なのか？

01

なぜ、多くの企業は中国ビジネスに希望を失ったのか？

2012年に進出ブームにブレーキ。中国投資は停滞時期を迎えた

２０１２年は船井総研が上海に現地法人を設立した年ですが、尖閣諸島問題が再発し現在に至る日中関係悪化のきっかけとなった年でもありました。２００８年に起こったリーマン・ショックが落ち着いてからの数年間は、中小企業を中心に日本企業が積極的に中国ビジネスへの投資を行いましたが、尖閣諸島問題が先鋭化した２０１２年9月以降、突如として日本全体で中国ビジネスにブレーキがかかったように感じられました。

これまで日本から中国への進出は大きく分けて3つの段階があったのではないかと思います。

最初の進出ブームは、中国を「世界の工場」と見立てて、アパレル関連などの軽工業、

自動車、電気機械、化学などの重工業が世界市場で売ることを目的にローコストで生産するための中国進出でした。１９９０年代に加速しました。

２回目の進出ブームは、大企業を中心に中国を「世界の工場」から**「世界一の市場」**と見なして、内販に向けて準備を進めていったころです。２００８年には北京オリンピック、２０１０年には上海万博が開催されることが決定し、中国経済が大きく発展する時期でもありました。２０１１年にはＧＤＰ（国内総生産）で日本を追い抜き、アメリカに次ぐ世界第２位の経済大国になっています。

２００１年に中国がＷＴＯ（世界貿易機関）に加盟してから、中国投資が大きく伸びた２０００年代前半を第２次進出ブームと呼ぶ専門家も多くいます。そして、北京オリンピックを挟んで中小企業の進出ラッシュが始まる２０００年代後半から２０１２年までが第３次進出ブームとなりました。

途中リーマン・ショックで世界経済が停滞することもありましたが、中国は世界で最も早くリーマン・ショックからの立ち直りを見せました。この時期、多くの日本企業は中国に未来を感じていたと思います。当時私は、東京で大企業を中心に事業戦略やマーケティングの具体策を策定するコンサルティングに従事しており、大企業だけでなく中小企業からも中国への進出、業務提携、ビジネスマッチングなど多くの相談をいただきました。

当時お手伝いした会社は現地法人を設立してすでに10年くらい経つことになりますが、現在は第3次進出ブームにおける日本企業の中国ビジネスの成果の明暗がはっきりしてきたころではないかと思います。

うまくいかないのを尖閣諸島問題のせいにしていませんか?

2010年頃も引き続き東京をベースに、中国ビジネス関連のコンサルティングをしていましたが、「中国に現地法人を作ったが計画通りに事業が進まない」「ビジネスチャンスが本当にあるのか外部から細かく診断してほしい」との要望が相次ぎました。

私たち船井総研のコンサルティング手法は、**ビジネスチャンスを外部環境と内部環境の双方から検証していく**というものです。外部環境とは主にマクロな経済環境や政治状況のことを指し、内部環境とは企業自身が持つ生産力や市場シェア、人材・組織、販売力などの経営資源のことを指します。

調べていくうちに、**中国で苦戦している日本企業の多くは、外部環境ではなく、内部環

境の要因が多いということを感じました。

ところが、現地で事業報告を聞いていると、いつの間にか「中国」という国自体が持つカントリーリスクが自社の中国事業の成長にブレーキをかけているという議論にすり替わってしまうことが多かったのです。

苦戦する企業に共通している内部環境の問題点は、**ローカルスタッフが成長する仕組みが脆弱**であったことにあると私は思っています。しかし、日本本社向けの事業報告には、尖閣諸島問題や反日デモ、少数民族の暴動の頻発化、環境汚染といった外部環境に起因する中国のカントリーリスクを前面に打ち出すケースが多く見られました。当時は日本のメディアが中国のネガティブ面を強調して報道することが増えており、「中国はリスクまみれの市場」との認識が多くの日本企業で形成されてきました。

本来ならば、**内部環境をしっかり改善して外部環境のビジネスチャンスを取り逃さない戦略を採るべき**なのに、日本企業の間で中国ビジネス慎重論が高まってきたのは残念でなりません。中国ビジネス慎重論が高まると、優秀な人材を中国に送り出すことにもブレーキがかかり、いつの間にか中国ビジネスはチャンスよりもリスクのほうが多いと判断されるようになりました。同じ海外でビジネスを展開するにも、まずは台湾や東南アジア諸国など中国以外の国からビジネスを展開する「急がば回れ」戦略を採り出している会社も多いと思います。

ブレーキをかける日本企業、アクセルを踏む他の国の企業

しかし、後述するように、実際に中国でコンサルティングをしていると、**市場の大きさや成長性は日本と比較にならない**と感じます。

実際、日本企業が慎重論を採っている間に、すでに投資を積極的に進めてきた欧米企業は中国における自社ブランドの存在感をどんどん高めてきています。韓国企業や台湾企業などアジアで力のある企業もどんどん中国市場でビジネスを展開しています。そして、中国のローカル企業もどんどん力をつけています。つまり、日本企業が中国ビジネスそのものにブレーキをかけている間に中国や他の国の企業はアクセルを踏んでいる状態だったのです。これでは、本気でビジネスを再開したとしても、さらに厳しい競争環境に直面してしまうのは明らかです。

中国市場は規模や成長率で世界一と言ってもいい市場です。今からでも遅くはありませ

ん。今一度**中国市場の魅力を再認識し、しっかりと内販拡大の準備をしていくべき**ではないでしょうか？　**ビジネスチャンスに早く気づいた人が先に成功できる**市場であることは間違いありません。

POINT

日本企業が中国ビジネスで苦戦する主な要因は、企業自身の内部環境にある。中国自体のカントリーリスクにすり替えてはならない。

02

グローバル戦略における中国の重要性は変わらない

これからは中国で作ったほうがコストのかかる時代へ

かつて多くの製造業が中国を「世界の工場」と位置づけていました。特に日本企業は中国で生産されたものを日本に輸入し、日本市場で販売することで、大きな利益を上げてきたと言えます。

現在でも多くの日本企業が中国に生産工場を構えています。私のクライアント企業のケースですが、この会社の主力商品は日本と中国の両方で生産されています。２０１４年11月時点の為替レートで日本市場向けの商品を日中どちらで作ったら安いのかを比較してみたところ、実は日本で生産したほうが生産コストは安くなっているという事実が判明しました。

中国では今後まだまだ経済成長が続くので、人件費も年7〜8％程度の上昇が続くでしょう。生産コストはますます上昇します。同じ販売価格であれば生産コストの上昇は利益の低下につながります。為替レートがさらに円安基調になれば、せっかく苦労して収益をもたらす中国ビジネスを完成させていた日本企業もすぐに赤字に転落するリスクが常につきまといます。

そうです、**中国を「生産拠点」として捉えるビジネスモデルはもはや限界を迎えている**のです。安く作りたいなら、当面はベトナムやミャンマーといった東南アジアの新興国、将来的にはアフリカなど、より生産コストの低い国にどんどんシフトしていくべきです。

中国を超える巨大市場は他に存在しない

それでは、日本企業にとって、中国の重要性はどこにあるのでしょうか？

結論から言います。それは、**中国がアメリカに継ぐ巨大市場である**ということと、その**市場がまだ成長している**ということです。

第２章で詳述しますが、中国最大のネット通販企業に「タオバオ」（淘宝）という会社があります。この「タオバオ」のB2C（消費者向け取引）のチャネルを「天猫」（Tモール）といいますが、同社は中国で「光棍節」（独身者の日）と呼ばれる毎年11月11日に1年で最大の販促イベントを仕掛けています。

同社の2014年11月11日の売上は史上最大の約571億元でした。当時の為替レートでは日本円で1兆円を超えた計算になります。前年の11月11日は約250億元の売上でしたから、1年で50%以上も伸長したということになります（110ページで詳しく説明します）。

日本でのネガティブな報道を見て、中国の経済成長はすでに鈍化しており、バブルがはじけたと誤解している読者も多いかもしれません。しかし、中国の巨大市場がまだ伸び続けているという実態は現地にいれば明らかです。また、**このような市場は中国をおいて他にない**ことは紛れもない事実です。

この「巨大市場」にチャレンジすることは、経済成長が鈍化してしまっている日本での売上低下をカバーするだけでなく、これから中国を含めたグローバルな市場で自社の商品・サービスを販売していかなければ企業として存続を見込めない多くの日本企業にとって、**最優先で取り組むべき課題**であることは間違いありません。「世界の工場」ではなくなった中国ですが、「世界一の巨大市場」としての地位は依然として不動のままです。

POINT

人件費の上昇や円安基調で、中国で生産するメリットはなくなっている。一方、消費市場としての中国は依然として急成長をし続けている。

03

中国は「安く作る」工場ではなく、「高く売る」市場になった

「高く売る」ことに成功した企業がこれからの勝ち組

中国が「世界一の巨大市場」であるということは、「安く作る」ための中国ビジネス戦略は大きく軌道修正しなければならない時期に入ってきていることを意味します。これからは**「高く売る」ための市場として、中国を再認識することが求められます。**

実際、中国で成功していると言われるユニクロは、日本よりも30%くらい高い値づけで中国全土に300を超える店舗網を急速に展開しています。ユニクロが日本の高品質アパレルブランドという揺るぎない地位を中国で確立しているため、出店は完全に追い風です。すぐに日本のユニクロの利益構造を追い越すビッグビジネスになってくることは容易に想像がつきます。

上海市内で展開されている
ユニクロの店舗の様子

また、中国人消費者に大人気のアップルのｉＰｈｏｎｅも、日本よりも30％くらい高い価格で販売されています。それでもアップルストアには連日大勢のお客が詰めかけています。アップルはこれまで日本でも中国でも使えるＳＩＭフリー版のｉＰｈｏｎｅを販売していましたが、日中間の販売価格差があまりにも大きいため、２０１４年12月に日本での販売を急遽取りやめました。

日中間の所得格差はまだまだ大きいものの、中間層以上の中国人は十分な購買力を持っています。実際、日本人の平均購買力よりも高い購買力を持つ中国人消費者はすでに日本の人口以上に存在していると言われています。

そういう意味では、**「高く売る」ためのマーケティング活動を中国市場で展開することが、日本企業にとって大きな利益につながることは確実**でしょう。

1000万人商圏が2ケタあるのは中国だけ

もう1つ、中国市場の特長として、**地方都市が非常に元気よく成長している**ことが挙げられます。

日本ではメディアで連日のように中国のカントリーリスクが伝えられているため、中国を敬遠して東南アジア諸国の市場を先に攻略する戦略にシフトしている会社もあります。

しかし、**市場として見た場合、東南アジア諸国と中国の大きな違いは地方都市の経済力にある**と言えます。たとえば、東南アジアビジネスの中心と考えられるタイでは、首都バンコクを除く地方都市は決して巨大な市場とは言えません。マレーシアも首都クアラルンプールを除く主要都市の名前を列挙できる人は少ないでしょう。2億人という東南アジア最大の人口を抱えるインドネシアも首都ジャカルタを除く主要都市を知らない人は多いはずです。そうです、東南アジア諸国の市場はまだ首都や一部の主要都市に一極集中した経済成長のステージに過ぎないのです。

一方、中国に目を向けると、市場の成長ステージは東南アジア諸国とは明らかに異なります。たとえば、北京や天津を中心とする華北経済圏、上海を中心とする華東経済圏、広州を中心とする華南経済圏はそれぞれ3000万～4000万人規模の人口を抱える巨大商圏です。それぞれが韓国1カ国分の規模を持つ商圏であると言っても過言ではありません。これ以外にも中国には1000万人近くの人口を抱える大都市が東北エリアから内陸部に至るまで点在しています。言い換えれば、1000万人以上の商圏が2ケタ存在していることになります。

中国のように広い国土を持ち、地方の経済圏がしっかり存在し、成長を続けている国は他にありません。**中国は特定の都市に人口や情報が集中している一極集中の市場ではなく、地方にも多くの経済圏が分散している巨大市場**として捉えるべきです。

中国は1つの巨大市場ではなく、巨大市場の集合体

以前、日本でコンサルタントをやっていた時代、大企業のクライアントのグローバル戦略構築のお手伝いをしていたことがあります。

そのクライアント企業は、グローバル市場攻略のためのエリア戦略を、アジアでは中国、台湾、香港、韓国、タイ、ベトナム、インドネシア……のように国単位で検討していました。どのエリアを優先的に攻略するかの比較でしたが、検討資料を見ると強い違和感を覚えました。なぜなら、中国は他のアジア諸国と比べて突出して市場規模が大きいため、他国と横並びに捉えたら正しい比較ができないと思ったからです。

そこで、中国の主要都市とその周辺経済圏のような形でエリア設定の仕方を大きく見直

す提案をしたところ、大体３０００万〜４０００万人くらいの巨大商圏を１つの検討単位に設定することができました。

韓国や台湾、東南アジア諸国は、その単位で見直すと、ほぼ１国が１つの商圏と言ってもいい設定になりました（実際の人口はもっと多くても主要都市中心の経済圏として見直すと大体これくらいの枠に収まる）。しかし、中国は例外でした。

中国はエリア戦略を検討する上でも候補となる巨大商圏がすでに複数存在している特殊な市場だということを再認識する、いいきっかけでした。それ以来、私は中国を１つの巨大市場ではなく、**巨大市場の集合体**として見ています。

POINT

中国は「安く作る」場ではなく、「高く売る」場として認識を改める。
中国は、１つの巨大市場ではなく、巨大市場の集合体と捉え直すべきである。

04

アジア戦略と「チャイナ・プラス・ワン」の誤解

販売における「チャイナ・プラス・ワン」の意味

現在、多くの日本企業は、アジア市場を中心にグローバル戦略を検討していると思います。そのような中、近年よく耳にするようになったのが「**チャイナ・プラス・ワン**」という言葉です。クライアントとのミーティングなどで気づくのは、**多くの日本人がこの「チャイナ・プラス・ワン」を本来の意味を間違えて使っている**ということです。

「チャイナ・プラス・ワン」とは、もともとモノづくりの発想から生まれた言葉です。日本企業はこれまで中国を「世界の工場」と見なして、中国に作った生産拠点にモノづくりを集中させてきました。しかし、近年になって、人件費の上昇や労働問題など度重なるカントリーリスクを分散させるために、東南アジア諸国を中心にもう1つの生産拠点を同時

に準備し、それぞれの生産拠点が得意とする生産活動を行い、グローバル・サプライチェーンを複数組み合わせて事業を展開しようということになりました。これが「チャイナ・プラス・ワン」の正しい解釈です。

ところが、いつの間にか、この言葉は販売活動にも使われるようになりました。「中国市場だけで販売すると、いつ利益が出るようになるのかわからない。それならもっとやりやすいタイなどの市場も同時に検討していこう」とか、「中国市場は巨大だけど、リスクも高い。それならリスクの少ない台湾市場などの攻略を先行しよう」という発想で、「チャイナ・プラス・ワン」という言葉を使っているクライアントを数多く見てきました。

しかし、前述したように、**市場としての中国の代替地は絶対にありません。**巨大市場を取るために、台湾市場攻略の準備などで回り道する戦略はもちろん理解できますが、これは「チャイナ・プラス・ワン」ではなく、単に本格的に巨大市場を取りに行く前の予行演習に過ぎないのです。

中国市場攻略は真っ先に取り組むべき試金石

もし、みなさんの会社がアジア市場全体で日本市場と同じくらいの売上を何年かけてでも達成したいという方針を掲げたとします。中国市場攻略なしに実現するでしょうか？絶対に不可能だと言えます。

アジア全体で日本と同じくらいの売上を獲得するのは高すぎる目標かもしれませんが、長期的に見ると、日本は人口が減少してきており、経済成長もすでに鈍化しています。つまり、今後日本市場で売上を伸ばし続けるのは、ライバル会社との過酷な競争に常に勝ち続けるしかありません。しかし、その場合は価格競争などに巻き込まれ、仮に売上を伸ばせたとしても、利益も同じように伸ばせるのかは疑問です。もちろん、日本市場で勝つための新規事業も準備していくことになるでしょうが、すべての新規事業が収益につながるように画策するのはあまり現実的とは言えません。

アジア市場の攻略は日本の30年くらい前の勝ちパターンを、各国の商習慣にアレンジして再度実践していく戦略です。**勝ちパターンがしっかりできていれば、むしろ戦いやすい**

戦略と言えます。その勝ちパターンを実践するエリアとして、巨大市場を複数抱える中国を選択肢から外すのは非常にもったいない話です。

したがって、まず初めに中国で勝ちパターンをアレンジして成功を収めてから、次に東南アジアへの展開、その次に巨大市場に成長していると思われるインドへの展開を画策していくのが現実的でしょう。そうです、**中国市場攻略は来るべきアジア市場を攻略するために、真っ先に取り組むべき試金石**なのです。

POINT

「チャイナ・プラス・ワン」は販売で使う言葉ではない。中国市場の攻略はアジア戦略で真っ先に取り組むべき課題である。

05

メディアの中国報道をそのまま信じてはいけない

現在のメディアの中国報道に対する反論

私はかなり頻繁に日本と中国の間を往復していますが、日本の報道番組で中国関連のニュースを見るとき、いつも違和感を覚えます。

たとえば、２０１４年に中国にある某ファストフード大手のチキンナゲットの生産工場が杜撰な品質管理（使用期限切れの鶏肉を使用）をしていたというニュースがありました。

このことに関して日本での報道は中国での報道をはるかに上回る時間を割いていました。

日本人が口にするものである以上、メディアが大きく取り上げるのは当然ですが、「食品偽装大国」などと、やや感情的な報道ぶりだったと思います。

２０１１年の高速鉄道衝突事故のときも、国全体が過失を隠ぺいする体質であるとの誤解を与えるような報道でしたし、同じ年に上海で起こった、地元ではほとんどニュースにならなかった地下鉄事故も日本では新聞の一面で報道されていたりしました。

みなさんの記憶に新しいのは、２０１２年の反日デモに関する報道でしょう。日本人であるというだけで中国の至るところで迫害に遭いそうな報道が連日行われていました。確かに一部のエリアで過激なデモ隊が日系のスーパーや日本食レストランを襲撃していました。

しかし、ごく一部の事実を繰り返し報道することで視聴者をミスリーディングさせているように感じます。こうしたニュースを見ていると、「中国＝悪役」の演出をするメディア協定でもあるのではないかと疑ってしまいます。

中国は「主観」ではなく、「事実」をウオッチすべき市場

一方で、中国も基本は反日の国であるとの印象を与えていますが、これは大きな誤解です。私の上海にいる同僚や友人は基本的に日本が大好きで、反日デモに関わっている一部の人々を強烈に批判していました。私の肌感覚では、本当に反日感情の強い人は１００人

に1人もいないのではないかと思っています。

私はクライアント企業の幹部研修の一環で、中国の地方都市の有名企業を訪問し、中国を舞台にしたグローバルビジネスのあり方について解説して回る仕事もしていますが、初めて中国を訪問した幹部社員の人々は口をそろえて、「ニュースを見てイメージしていたようなストレスの多い国ではまったくなかった」という感想を述べています。多くの人々はメディアによって「事実」ではなく「主観」を押しつけられていた実態を把握しました。

日中関係が悪化した2012年以降、日本からの船井総研上海への相談内容は激減しました。しかし、日中両国が関係回復に努力して2年半ぶりに日中首脳会談が実現した2014年の11月以降は相談件数が急速に回復しています。メディアと日本企業の中国ビジネスへの取り組み姿勢は大きく連動していることをこの数年ではっきりと感じました。

これから中国ビジネス戦略を再度見直す会社が少しずつ増えてくることは間違いありませんが、**メディア報道を鵜呑みにしない姿勢は常に必要**だと思います。ニュース番組のキャスターの言葉を鵜呑みにすることなく、複数のメディアを比較したり、実際に現地を訪れて、自分の眼で確認したりすれば、「事実」がよりはっきりと見えてくるでしょう。

中国は「主観」ではなく「事実」を中心に常にウオッチングしておくべき市場です。報道は「事実」を正確に伝達する側面以上に、「主観」を巧みに思考代行する側面があることを意識して、自分で判断して中国とうまくつきあう姿勢を持ち続けてください。

中国側は依然として日本からの投資を求めている

中国では、多くの外資系企業が合弁会社設立などで参入してから長い時間が経ちましたので、技術やノウハウが中国企業に流入し、国営企業も民間企業も目覚ましい発展を遂げてきました。しかし、今でも中国政府は日本企業のさらなる投資に期待しています。

船井総研が上海で会社を設立して３年が経ちましたが、これまでに地方政府の関係者、開発区と呼ばれる生産や技術の拠点の集合エリアの日本担当マネージャーがプロモーションのために大勢来社しました。特に２０１２年に日中関係が悪化してからは、多くの関係者から「日本企業は本気で中国に投資しなくなってきた。いったいどうなっているのか？」という質問をし続けられました。まだ中国ビジネスが収益基盤に乗っていない会社も多くあるので、勝負をかけるタイミングを図っている企業も多いと思いますが、実際、日本企業が一時的に投資を大幅に控えてしまったようです。

それでも多くの地方政府や地方の経済開発区が日本の主要産業の自エリアへの誘致にブレーキをかける気配はありません。むしろ、最近では彼らは日本に留学経験のあるスタッフを積極的に採用し、日本の企業文化を理解することに貪欲になってきました。日本でビジネスセミナーを開催する開発区も出て来ています。

このように、事業投資する中国側の受け皿は依然として増え続けているのです。あとは、**勝負するタイミングとリスクを回避するやり方をしっかりと研究し、本気の勝負を仕掛けることのできる会社が、中国市場もその他のアジア市場も攻略していける**のではないでしょうか？

単なる「安く作る」ための生産拠点としての投資は間違いなく時代遅れです。**これからの中国ビジネスは「高く売る」ための技術拠点や販売拠点への投資が求められる**時代になってきています。

POINT

近年の日本のメディアの中国報道は偏りがある。
「主観」ではなく、「事実」を冷静に分析することが重要である。

06

今後は資金のない会社でも中国ビジネスで勝てる

これからは「お金」よりも、「知恵」と「スピード」が武器になる

かつて日本で戦略コンサルティングをしていたとき、私は常に「**この市場はどういうプレイヤーが勝つようにできているのか？**」ということを考える習慣を持ち続けていました。

中国ビジネスも同じ視点で見るようにしています。

業界ごとに微妙な差があるかもしれませんが、中国ビジネスは投資できる「資金」が豊富なほうが圧倒的に有利であるという市場原則が当てはまります。少しでも優秀な人を高給で雇用することができ、ライバル会社よりも多くの広告費を投入し、ライバル会社よりも早く多くの店を出店させることができれば、市場でシェアを取りやすくなるからです。

会社やブランドが早く有名になることは、さらに大きな追い風となります。

読者のみなさんが中小企業やベンチャー企業で働いているのであれば、「お金がある会社が勝てる」とは、身も蓋もない言い方でしょう。しかし、**事業規模の大小に関わらず、どの会社でも「お金」に代わる2つの武器を持つことが可能**です。それは「**知恵**」と「**スピード**」です。

「スピード」はコストのまったくかからない武器

確かにこれまでの中国ビジネスは「お金」のある会社が成功してきました。しかし、これからの10年は他社と同じことをやっていては成功する可能性が少しずつ低くなってきます。「**差別化のアイデア＝知恵**」を使わなければならないのです。

そのためには、**市場と真摯に向かい合い、販売の現場に何度も足を運び、中国人ユーザーの声を聞く努力を惜しまないという姿勢が大切**です。売れるための知恵は会議室で考えていても生まれません。すべての答えは現場にあるはずです。

そういう意味では、「スピード」はコストのまったくかからない武器です。中国は日本と時間の流れ方が違うように感じます。市場のニーズが見えたり、取引先がやる気を見せたりしたときは、日本でのスピード感を一旦忘れて、**中国式のスピード感でビジネスを展開する姿勢が大事**ではないでしょうか？

感覚的には中国人が求めるスピード感は、日本の商習慣の5～7倍くらい速いと感じています。日本企業が慎重な姿勢で回答を保留している間に、中国企業が「ああ、この会社はこのビジネスに本気ではないのだな。それじゃ、こっちも本気でビジネスするのをやめておこう」と誤解してしまうケースが度々発生しました。中国ビジネスはせっかちな人のほうが向いているのかもしれません。

POINT

これからの中国ビジネスのポイントは「知恵」と「スピード」。
この2つに企業規模の大小は関係ない。

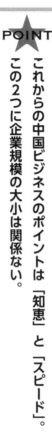

第2章

中国市場を〝見える化〟する方法

01 中国市場はすでに成熟飽和期に入っている？

市場の成熟期と衰退期での参入はNG

みなさんは、「**事業ライフサイクル**」という言葉を聞いたことがありますか？

「事業ライフサイクル」とは、すべての事業が図表1のような市場ライフサイクルに沿って成長し、衰退していく流れを言います。

では、みなさんの会社は図表1のどのステージで中国市場に参入するのがベストだと思いますか？

答えはもちろん1つだけではありません。しかし、戦略セオリーから言って、**成熟期と衰退期に参入することはかなり危険**です。実際、衰退期に参入しようと思う企業はあまりいないでしょう。ところが、これまで多くの日本企業は成熟期に市場参入して失敗してい

図表1 事業ライフサイクルごとの市場分析と戦略

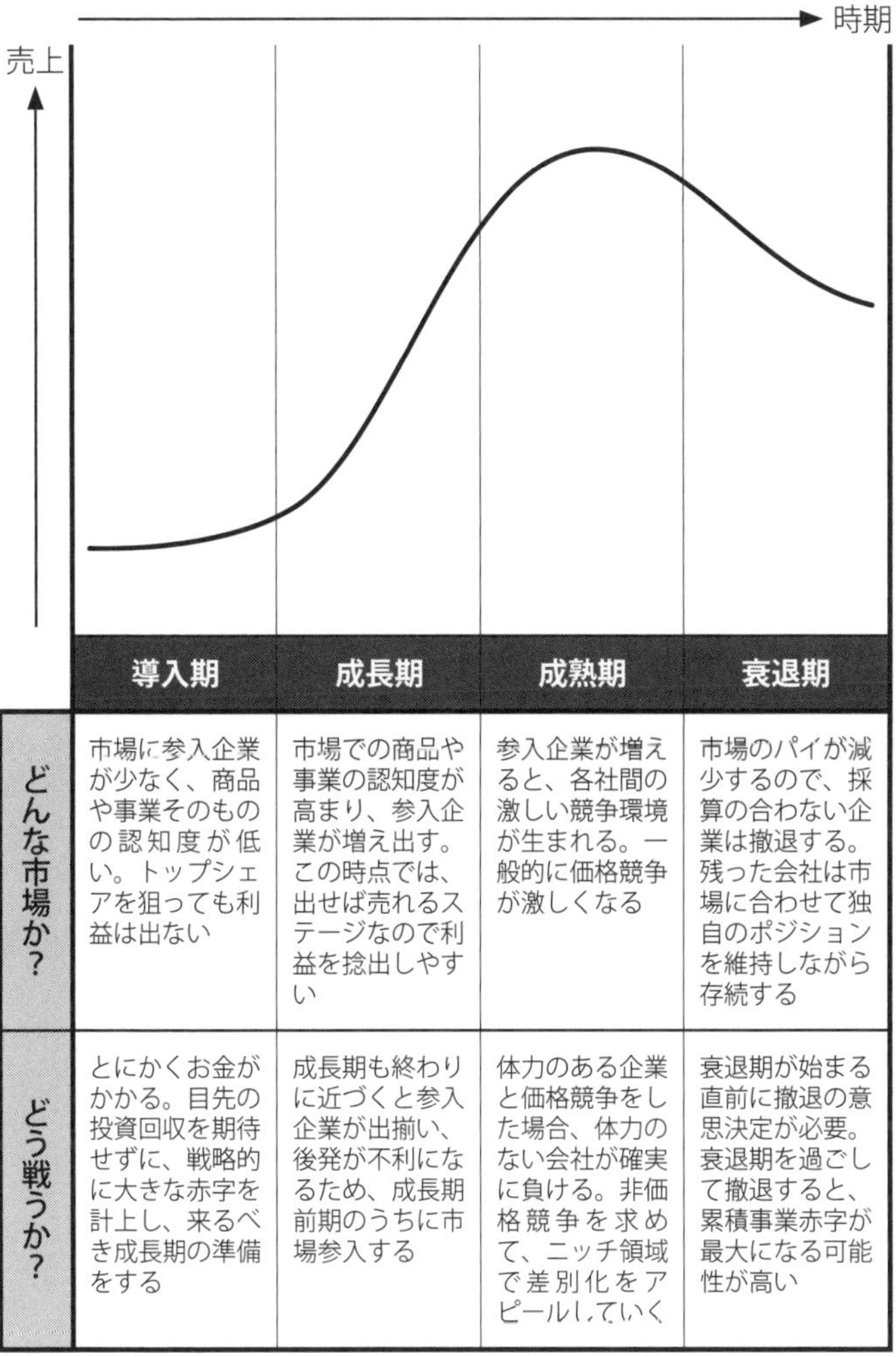

	導入期	成長期	成熟期	衰退期
どんな市場か？	市場に参入企業が少なく、商品や事業そのものの認知度が低い。トップシェアを狙っても利益は出ない	市場での商品や事業の認知度が高まり、参入企業が増え出す。この時点では、出せば売れるステージなので利益を捻出しやすい	参入企業が増えると、各社間の激しい競争環境が生まれる。一般的に価格競争が激しくなる	市場のパイが減少するので、採算の合わない企業は撤退する。残った会社は市場に合わせて独自のポジションを維持しながら存続する
どう戦うか？	とにかくお金がかかる。目先の投資回収を期待せずに、戦略的に大きな赤字を計上し、来るべき成長期の準備をする	成長期も終わりに近づくと参入企業が出揃い、後発が不利になるため、成長期前期のうちに市場参入する	体力のある企業と価格競争をした場合、体力のない会社が確実に負ける。非価格競争を求めて、ニッチ領域で差別化をアピールしていく	衰退期が始まる直前に撤退の意思決定が必要。衰退期を過ごして撤退すると、累積事業赤字が最大になる可能性が高い

るのです。他社もやるので不安になって検討し、ウチでもやろうという判断だったのかもしれません。しかし、よほど尖った商品や技術があっても、成熟期は市場規模と参入企業がほとんど固まって守備を固められているので、ほとんどのケースが成功とは言えない結果になりました。「**遅すぎる参入はかえって危険**」という判断ができなかったのでしょう。

少々脱線しましたが、最初の「どのライフサイクルステージで参入するのがベストか?」に対する答えは、「**中小企業→成長期（必ず前期）**」「**大企業→導入期でも成長期でも可**」です。

大事なのは自社のビジネスがどのライフステージにあるかの見極め

導入期での参入は、とにかく**先行投資をどれだけやれるか次第で、成長期に有利なポジションを取ることができます。**一般的に言って、年間の販売目標と同じくらいのマーケティング費用をかける必要があります。その他の経費もかかるので、売上1億円とすれば赤字1億円くらいの収支になる可能性が高いです。それでも数年後に売上100億円、利益

20億円が期待できるなら、長期的に見て戦略的な赤字でいいとの判断です。

日本人は赤字が嫌いです。もちろん他の国の人も同様でしょう。しかし、欧米流のビジネスに影響を受けた中国ビジネスの考え方は、**単年事業ではなく、中期の連続事業でいかに投資採算を最大にするかを求めている**のです。**黒字転換したときに最大の利益を取ることが、ビジネスが大きくなる前に赤字を抑えることより、よっぽど重要なこと**だということを日本企業以上に理解しています。（図表２）

ここで一番大事なのは、**自分たちのやろうとしている事業がどのライフステージにあるかを的確に判断する**ことです。

「小売業」とか「サービス業」などといった大きなくくりでは、ライフサイクルを正確にとらえることはできません。「アパレル小売業」とか「飲食業」といったくくりでもまだ大雑把すぎます。アパレル小売業であれば、たとえば「高級婦人ストッキング市場」とか、飲食業であれば「日本式焼肉市場」くらいの細かさは必要です。

図表2 中国市場に対する戦略の違い

苦戦する日本企業

- 創業期でも目先の利益にはこだわる
- 目だった投資や支出は創業期から慎重になる
- 何年経っても業界内のポジションを確立しにくい
- 結果赤字が何年も続く
- 赤字事業でも撤退の意思決定ができない

欧米型ビジネスの企業

- KPIは一定の業界シェアを獲得すること
- シェアを取るために、最初は戦略的赤字を画策する
- 業界で主導権を確立して、結果黒字につなげる
- 戦略的優先順位が低ければ、利益が出ていても事業売却、事業撤退を図る

事業ライフサイクルの見極め方

では、みなさんの事業がどのライフサイクルのステージにあるかを、できるだけ細かい市場セグメントでどのように判断すればいいのでしょうか？

それにはまず、**過去３年間くらいの参入企業数を確認する**必要があります。導入期ステージでは、それほど多くの参入企業はありません。年ごとの伸び率が急速に増え出すタイミングが成長期に突入した証拠になります。たとえば、成長期前期の参入を戦略的に考えたい中小企業だとしたら、参入企業数が伸び出すときに迷わず仕掛けるべきだということがわかりますね。そうではなく、導入期でじっくり有利なポジションを作りたい大企業であれば、市場がすでに成長期に入っていると判断できれば、戦略そのものを大きく修正していくべきだということもできます。

もう１つは**市場価格の推移**を確認します。中国は年率10％弱のインフレ率ですが、それでも**市場価格が下落しているような状態であれば成長期が終わり成熟期に入ってしまったと考える**ことができます。価格競争はこれからも激しくなるので、原価低減やコスト削減ができないようであれば、この段階ではあまり大きな投資をせずに、事業撤退も視野に入れたほうがいいでしょう。

大切なのは、**自分自身で市場をしっかり観察してライフステージを見極める**ことです。人に聞いても感覚的な答えしか出てきません。実際、中国に住んでいる知人がまだまだ伸びる市場だと言っていたことを鵜呑みにして、実際にはすでに成熟期に入っているのにかかわらず遅ればせながら参入して、大きな赤字を垂れ流した会社の話を何社も聞いたことがあります。

当たり前のことですが、**答えは現場にある**のです。注意深い観察力と早い決断力が中国ビジネスの肝です。

巨大都市と地方都市ではライフサイクルが異なる

もっとも、ライフサイクルについて、中国ならではのいい面が1つだけあります。

それは、**同じ商品・サービス、同じ事業でも、上海や北京などの巨大都市と地方都市とではライフサイクルが違うということです**。多くの日本企業のケースでは、上海や北京な

図表3　事業ライフサイクルの見極め方

モノ欲求　消費者の欲求トレンド　コト欲求

	【大都市】上海、北京、広州など	【地方都市】大連、青島など	【内陸都市】重慶、成都、武漢など
衣料品	成熟市場	成長―成熟市場	成長市場
化粧品	成長―成熟市場	成長市場	導入段階
美容・エステ	成長市場	導入段階	まだまだ

どからビジネスを始めて地方都市に波及させるというビジネスモデルをとっています。したがって、**市場浸透する時間の差がライフステージの異なる大きな理由**になります（図表3）。

　これにはもう1つ理由があります。日本にいると、東京でも札幌でも福岡でも同じ商品・サービスが同じような価格で販売されているのが当たり前です。東京の人と福岡の人が同じ年齢で同じような規模・業種の会社で、同じような役職である場合、所得が3倍も違うことは絶対ないはずです。しかし、中国では何倍もの所得格差というのは当たり前のことです。このように**所得が違えば売れるものが違うこともライフサイクルのステージが異**

なる理由になっているのです。

上海や北京が成長期から成熟期に入ってしまったことが市場を観察して判断できるようなら、逆に地方都市はまだまだ成長期にある可能性が高いと言えます。今度は地方都市を観察して、市場参入すべきかどうかを戦略的に判断すべきなのです。

POINT

中国市場への参入は、事業のライフサイクルの見極めが重要！
巨大都市と地方都市ではライフサイクルは異なる。

02

上海を狙うな、二級三級都市を狙おう

上海は世界一コストの高い都市であることを知っていますか？

これまで多くの日本企業が中国市場での販売を、上海を起点に検討してきました。実際、都市別の日本企業の参入数では、上海がダントツのトップが続いています。

上海が起点にされてきた理由として、次のようなものが挙げられるでしょう。

①すでに参入している日本企業が多く、情報が取りやすいこと
②日本語を話せる人材が多いこと
③すでに人脈のある中国人や中国企業が多いこと
④日本からの交通の便が非常にいいこと

一言で言うと、上海は「ビジネスをしやすい都市」だと思われていたのです。
しかし、本当にそうでしょうか？　大事なのは自社にとって「**上海が本当にビジネスをすべき都市なのか？**」を判断することではないでしょうか？
たとえば、店舗を構えてビジネスを展開する業態を考えてみましょう。店を作るために内装費がかかります、家賃も毎月かかります。販売スタッフの人件費もかかります。少なくともこの3つは、**中国で上海が最も高い**と言えるでしょう。
なかでも家賃の高さは特別です。日本人は坪家賃に慣れていますが、中国の家賃は㎡1日当たりの家賃に広さを乗じて月の管理費を足して計算されます。上海の一等地によくある優良物件で㎡単価が50元として、１６５㎡（中国は共有スペースも配分されて家賃を払わされます）の店を出すなら、
50元×１６５㎡×30・4日＋管理費５０００元＝25万５８００元
となります。
２０１４年11月時点の為替レートが1元＝約19円なので、円換算すると５００万円近い家賃が毎月かかることになります。１６５㎡は約50坪なので坪家賃10万円クラスが上海の一等地相場です。どうですか、坪10万円あれば銀座でも店が出せますね。そうです、**上海**

は家賃がボトルネックなのです。これは坪単価50元の一等地相場で試算しましたが、上海の中心部の家賃は大阪や名古屋の中心部より高く、東京の港区よりは少し安い相場と言えます。世界的に見ても相当高い都市だと言えます。言うまでもなく、人件費も中国ナンバーワンの高さなので、**固定費が最もかかる都市**なのです。

これが長沙などの地方都市なら、家賃は同じ条件でも3分の1から5分の1、人件費も半分くらいで試算できます。固定費が上海の半分以下になるので、事業の損益分岐点もはるかに低いレベルで黒字化します。もっとも、それ以上に集客できないリスクもあるので、難しいところです。上海は人も多く消費力も高いので、高い家賃を払っても売上が期待できるため、多くの日本企業が上海から出店しているとも言えます。

自社の最終目標を持たないまま上海に進出することのリスク

いちばん問題なのは、**自社の中国ビジネスの最終的な目標がはっきりしないまま、上海起点でビジネスをスタートしてしまうこと**です。上海で数店舗を出して、全部赤字なので中国事業そのものを白紙にすると判断してしまった日本企業は過去にたくさんあります。

売上の上昇よりも、家賃や人件費の上昇が早ければ当然赤字は膨らみます。これが、たとえば中国で5年で100店舗を出店することが決まっていたとしましょう。ある会社は何となくやりやすいからという理由で上海にまず1号店を出します。当然赤字なので少しでも経費を抑えて販促費なども削ります。これでは人件費の高い優秀な社員は雇えませんから、人件費の安いスタッフを中心に運営します。しかし、果たして、それでうまくいくでしょうか？　おそらく難しいでしょう。

そうではなく、まずは赤字でもいいから上海に旗艦店を2つ出す。そのあとは収益を取れる小規模店を8店出店、その次にフランチャイズを募集して90店舗出店、という構想があって、100店舗構想時の予想利益を年間5億円として算出しているなら、向こう10年間の期待利益のうち、最初の旗艦店2店舗の赤字負担は極めて軽微だと言えます。そうやって**戦略的赤字をあえて算出しておくことが必要**なのです。

どんなビジネスでも最初はうまくいかないことが多いのは当然です。いわゆる二～三級都市（図表4）でも、しっかり市場調査をして旗艦店が成立すると判断できれば、1号店は二～三級都市スタートでもいいわけです。そこで店舗オペレーションを確立し、慣れたスタッフがプロジェクトチームを作って上海の旗艦店づくりに着手するという姿勢が実は

図表4 中国の一級都市から三級都市

一級都市
（直轄市、特別行政区、GDPが1,600億元以上でかつ人口が200万人以上の都市）

北京、天津、上海、重慶、香港、マカオ、広州（広東省）、深圳（広東省）、瀋陽（遼寧省）、大連（遼寧省）、武漢（湖北省）、杭州（浙江省）、南京（江蘇省）、青島（山東省）、済南（山東省）、成都（四川省）、西安（陝西省）、ハルピン（黒竜江省）

二級都市
（経済特区都市、省都、その他副省級都市）

汕頭（広東省）、アモイ（福建省）、珠海（広東省）、石家荘（河北省）、長春（吉林省）、フフホト（内モンゴル自治区）、太原（山西省）、鄭州（河南省）、合肥（安徽省）、長沙（湖南省）、福州（福建省）、南昌（江西省）、ウルムチ（新疆ウィグル自治区）、海口（海南省）、南寧（広西チワン族自治区）、貴陽（貴州省）、昆明（雲南省）、蘭州（甘粛省）、銀川（寧夏回族自治区）、西寧（青海省）、ラサ（チベット自治区）、蘇州（江蘇省）、無錫（江蘇省）、寧波（浙江省）、三亜（海南省）

三級都市
（沿岸部の開放都市、経済が発達し、かつ歳入の高い都市）

唐山（河北省）、秦皇島（河北省）、淄博（山東省）、煙台（山東省）、威海（山東省）、徐州（江蘇省）、連雲港（江蘇省）、南通（江蘇省）、鎮江（江蘇省）、常州（江蘇省）、嘉興（浙江省）、金華（浙江省）、紹興（浙江省）、台州（浙江省）、温州（浙江省）、泉州（福建省）、東莞（広東省）、恵州（広東省）、佛山（広東省）、中山（広東省）、江門（広東省）、湛江（広東省）、北海（広西チワン族自治区）、桂林（広西チワン族自治区）

最もうまくいくと思っています。実際に上海で成功している中国の飲食チェーンの会社はこのパターンをきっちりやっています。地方出身でも早期に上海に店を出したことで、従業員のモチベーションも、会社のブランド価値も上がりだし、その後の店舗展開やフランチャイズ展開がうまくいくメリットも期待できます。

中国ビジネスの最終ゴールを想定して、アクションプランを整理して、どの都市から着手するのが最もリスクが少ないのかをぜひ議論してみてください。二～三級都市に意外と勝機があるものです。

POINT

多くの日本企業が明確な中国戦略を持たないまま上海を拠点にしている。コストの高い上海より二級・三級都市に進出することも選択肢に入れよう。

03

市場を徹底的に〝見える化〟することが必要

短期の出張で市場が見えてくるほど中国は甘くありません

ここまでで中国で販売を展開するのに適したタイミングはライフサイクルの成長期、エリアは二〜三級都市に勝機があると述べました。次は**より深く市場を理解していく必要があります。**

多くのこれまでの日本企業の失敗は「とりあえずやってみよう」という発想が根本にあったようです。決して中国ビジネスを軽く見ていたわけではないでしょうが、「やりながら情報を集めれば何とかなるのでは」と思い込んでいた会社も多かったのではないかと思います。

これが、もしアメリカやヨーロッパでビジネスをやるなら、もう少しじっくり調査したのではないでしょうか。中国は日本との地理的な関係も近く、それなりの頻度で出張するだけで必要な情報は集められるのではと思い込んでいる人も多いのではないでしょうか？

残念ながら、決してそのようなことはありません。たとえ中国に10年以上住んでいる人であっても、ビジネスについてはまだまだわからないことが多いのではと感じています。

日本人として日本に30年も40年も住んでいる人ですら、日本の市場環境を隅々まで理解しているとは言えないはずです。ましてや中国は外国です。商習慣も大きく異なります。**数日程度の短期出張を繰り返せば中国市場が見えてくるといった思い込みは絶対に持たない**ほうがいいと思います。

市場を〝見える化〟する

それでは、どのようにして中国市場を深く理解していけばいいでしょうか？

船井総研上海では、これから本格的に中国でビジネスを展開するお客様に対して、「**まずは市場の〝見える化〟から始めましょう**」という提案をしています。

一部の大企業では、中国での戦略を練るために、日本の調査会社と連携して数百ページにも上る市場調査をすでに完了していたところがあります。私も実際に多くのクライアントからそのような市場調査レポートを見せていただくこともありましたが、調査の時点で戦略が定まっていないと、どうしても広く浅い情報と国家統計局が発表している数字の裏づけが中心になっているように感じられます。

たとえば「中国のＧＤＰは今後、年成長率８％を下回るのが確実だ」「人件費は都市部では依然８％前後で上昇していく」という情報がわかったとしましょう。しかし、そこで各社の戦略が何か大きく転換することがあるのでしょうか？

“見える化”の近道は、最も詳しい人に話を聞くこと

それに対して、船井総研上海のコンサルティングでは、中国で狙う市場が決まっていれば、「**その市場で最も詳しい人に話を聞きに行きましょう**」という提案からスタートします。最も詳しい人とは、今後アプローチしていく営業先かもしれませんし、すでに成功を収めている競合企業かもしれません。日本人の感覚で「そんなこと、教えてもらえるはずがない」と思い込んでいる人も多いですが、中国でのビジネスはギブ＆テイクで成り立っ

ています。有料無料にかかわらず、必要な情報を集めていく仕組みは実は日本よりも選択肢が多いのです。

もし、お客様が持つ情報ソースだけで不十分であれば、私たちは情報を取るソースをどんどん開拓してお客様に紹介していくようにしています。数年前に機械関連のコンサルティングをしていたとき、私たちが山東省の大きな代理店経営者を紹介したことがあります。営業先ではなく、「中国のエリア別の市場特性と有力代理店の探し方」というテーマに絞って情報提供してもらう目的でのアプローチでしたが、彼らは実際に売りたい商品のカタログを見たとたん、「一番先にこの会社（代理店）にアプローチしてみなさい。こういった商品を売りたがっているし、販売ネットワークもしっかりしている」とアドバイスを受けました。実際に指定された会社にアポを取ると、とんとん拍子に契約が進み、市場調査開始から数えて3カ月目に代理店契約が完了するという超スピードチャネル開拓が完了した事例があります。その後、このチャネルから得られた売上を考慮すると、適格なアドバイスをくれた山東省の代理店経営者の情報には、少なく見ても3000万円以上の価値があったと思っています。

アメリカ人に比べると、**日本人は情報の価値を金額に置き換えることに慣れていません。**

たとえば、その情報を自社の社員だけで集めるとして、何年くらいかけて何回くらいの中国出張をすればいいのか、考えてみてください。

前述の山東省の代理店経営者の場合、中国ですでに20年以上機械部品関連の仕事をしていたので、より深い情報と人脈を持っていました。外国人がこのレベルの情報を得るためには、中国人を採用して現地に拠点を構えたとしても少なくとも10年以上の時間を要するのではないかと思います。その10年間のコストは当然1億円以上になるでしょうし、その時点での情報が役に立つのかどうかも現時点ではわかりません。

必要な情報と時間はカネを使って買う

このように、**「市場の見える化」はすでに市場が見えている人に聞くのが一番いい**のです。「**必要な情報と時間はカネを使って買う**」という発想を持たないのであれば、中国ビジネスは間違いなく逆風からのスタートとなります。

将来的に1億円以上の収益をもたらすほどの情報を教えてくれるのなら、どの情報にどれくらいの価値があるのでしょうか？　実は中国は情報料の明確な相場がまだ形成されていない状況なので、欧米先進国と比べると非常にリーズナブルだと私は思います。先ほどの山東省のケースで実際にかかったのは20万円くらいでした。高いか安いかはその後のビジネスの結果次第です。

しかし、情報を取らなかったら、何も生まれなかったのは間違いありません。

POINT

中国市場は短期の出張や調査レポートからは見えてこない。本当に必要な情報は、現地の詳しい人にお金を払ってでも得るべき。

04

市場を〝見える化〟するための正しいプロセス

【ステップ1】まずは見えている市場と見えていない市場の仕分けから

中国で新しい案件をお手伝いするときに、どこまで市場が見えているのか必ず質問するようにします。「見えている市場は中国の市場全体の何%ですか」と問いかけると明確に答えが出てくるケースはほとんどありません。

意外と全体の市場は見えていないものです。まずは**実際に見えている市場はどこなのか細かく整理するところから始めなければなりません。**見えている市場では、実際に販売を行っている市場と、これから販売を行いたい市場があります。これから販売を行いたい市場は「**なぜその市場が有望と思うのか**」も改めて考えておく必要があります。「**もしかしたらもっと有望な市場があるかもしれない**」と考えることで次のステップにつながります。

【ステップ2】見えていない市場の仮説を考えてみよう

次に、見えていない市場のイメージをできるだけ整理する仮説構築のステップが必要です。実際に商品を販売している営業マンや代理店は断片的に市場の情報を掴んでいる可能性があります。まずは社内の関係者が一同に集まって、見えていない市場についてのディスカッションを行うことが必要です。

自社商品を販売するために、**「最も有望な市場はどこなのか？」「その市場にはどんな顧客がいて、どんな競合がどんなビジネスを展開しているのか？」**など、あくまで仮説なので、正確性は問いません。**「なぜ、その市場が有望なのか」の理由が関係者全員が納得できれば十分です。**有望市場は1つに絞ることは現実的ではありませんので、優先順位の高い市場仮説を3～5くらいに整理することができれば理想的です。

【ステップ3】仮説検証のための調査をしよう

次のステップでは仮説検証のための調査を行っていきます。時間がかかりますが、自社の営業マンの主導で数カ月この仮説検証のための聞き込みなどを行って、また関係者が集まって情報を整理するプロセスを取っても構いませんし、早く事業計画を固めることが必要であれば、調査のプロである調査会社を活用しても構いません。**時間をかけるかお金をかけるかは事業の責任者が判断すればいい**ことです。

【ステップ4】仮説検証結果をもとに優先順位の高い有望市場を絞り込む

営業マンによる聞き込み調査か、調査会社を活用した専門家の調査を行うと、当初3～5に設定した有望市場のなかで最も有望と思われる市場の優先順位がつきます。1つに絞れればベストですが、絞れない場合も2つくらいまでには絞りたいところです。

実際に販売して成果が出るか、有望市場が分散していれば攻略に時間がかかりすぎるので、**できるだけ最優先する有望市場を絞り込むことが大切**です。

【ステップ5】優先順位の高い有望市場の攻略法を考える

まだアプローチしたことのない有望市場ですが、前ステップで最優先の攻略ターゲットを絞り込めました。検討の最終ステップではどうやってアプローチするかの具体的手法の決定です。

調査によってその市場でアプローチすべきターゲットは判明してきているので、ターゲットの数が多ければテレアポを実行したり、商品説明会を企画したりすることができます。ターゲットの数が少なければ、太い人脈を持つ人を探してつないでもらうことを検討したほうがいいかもしれません。具体的なアプローチ法を決定せずに営業マンに落とし込んでも、アプローチできない理由が先に出てきます。**彼らがアプローチできるレベルの攻略シナリオを考えるのが賢明**です。

POINT

中国で狙うべき市場を定めるためにまず市場の〝見える化〟が必要となる。必ず仮説を立てて、優先順位の高い市場を絞り込み、攻略法を考える。

05

市場調査をする前に仮説を作ろう

市場調査のキモは「勝つための情報だけを効果的に集める」こと

中国で調査会社を活用する日本企業も増えてきましたが、市場が見えないうちの「調査のための調査」に多くの時間とコストをかけることはあまりいいことだとは思っていません。前々項で「必要な情報と時間はカネがかかる」と言っていたので矛盾していると思われるかもしれませんが、私は市場調査の目的は、より多くの情報を集めることではなく、**「勝つための情報だけを効率的に集める」**ことだと思っています。

この「勝つための情報」を因数分解すると、

① 自社が販売すべきお客様は誰なのか?

②そのお客様はどんなニーズを持っているのか？
③どの販売ルートを使ったときに早く売上を最大化できるのか？
④自社が最も戦うべき会社は〇〇社で、その会社とどのような差別化を図るのが重要なのか？
⑤自社が戦う領域で、これまで最も中国で成功してきた会社は誰で、彼らは何をやってきたのか？

といったことではないでしょうか？

この５つの答えだけでも早期に得ることができれば、戦略を練ってアクションプランを作っていくことは可能だと思います。

勝つための情報を得るには、仮説を作ること

それではこの５つの答えを出すために、まずやっていただきたいことがあります。それは、**「仮説」を作る**ことです。仮説づくりですから、カネを使う必要はありません。社内

でこのビジネスに関わる現地の責任者を数名集めて、3時間くらいミーティングをすればいいだけです。

多くの会社は、各人が頭の中に持っているノウハウや情報を整理する仕組みを構築できていないと思います。それならば、**各人のノウハウや情報を持ち寄って仮説作りのミーティングをすれば、自然に情報もシェアされます。**勝つために必要な仮説が簡単に作れるような気がしませんか?

仮説作りのミーティングで注意していただきたいのは、普段の営業会議や目先の業務ミーティングとは別枠で開催するということです。**未来を創るための「わくわくミーティング」感を演出したほうがいい**と思います。できれば、社外で高級ホテルの会議室を借りて行ったほうがいい意見が出てくるような気がします。

仮説がなければ調査会社に払う多額のコストも無駄になる

私のクライアントの中にも、「調査のための調査」を中国の調査会社に発注して、500万円以上支払った会社がいくつもあります。実際に見せていただいた調査報告書は、中国市場を的確に網羅して統計データも満載でした。しかし、残念ながら、前出の「勝つための情報」に対する答えはほとんど入っておらず、非常にもったいないお金の使い方をしていると感じました。

調査会社が悪いわけではありません。**発注時点で仮説がないから市場を的確に網羅するアウトプットにならざるを得なかったのです。**もし、５つの仮説が固まっていれば、統計調査やマクロ環境調査に大きな工数をかける必要はありません。この仮説を検証できるだけの知見のある専門家にインタビューする手法をとったり、仮想ライバル企業にヒアリングさせてもらったりするほうが、より「勝つための戦略づくり」につながったのではないでしょうか？

私もこれまで「市場の〝見える化〟」をしていくうえで、現地の調査会社に仮説検証のためのヒアリングやインタビューをお願いしてきましたが、すべての仮説が正しかったと検証されたケースは一度もありません。作った仮説が１８０度修正されるケースも当然あります。もし、調査せずにクライアントが仮説のままで動き出していたら、かなりの確率で失敗していたと思います。

POINT

日本企業の問題は仮説力の弱さにある。
仮説がなければ、市場調査に無駄な時間とコストをかけることになる。

06

市場が見えたら戦略は自ずと見えてくる

戦略作りはコンサルティング会社まかせではいけない

市場の〝見える化〟、勝つための仮説検証ができれば、戦略は自ずと見えてくると思います。

船井総研では、戦略そのものをコンサルティングするケースもあります。また、戦略に特化したコンサルティングファームは世界中に存在します。コンサルティング業界では戦略提案につながるプロジェクトは最もフィーが高い案件の１つです。

しかし、できるなら**戦略づくりはコンサルティング会社に丸投げしないほうがいい**と本気で思っています。戦略系のコンサルティング会社が提供するバリュー（価値）は戦略を構築するうえでの必要十分なファクト（事実）と戦略のフレームワークです。必要十分なファクトは自ら仮説を作って、仮説検証できる専門家や競合プレイヤーのヒアリングを調査会社を絡めて実施すれば効率的に集まってくると思います。しかし、二つ目の戦略のフレームワークについては、競争が激化している成熟市場では功を奏しますが、**中国のような成長段階のある市場においては、戦略フレームワークではなく、スピードが成否を決める**と思っています。

仮に戦略系コンサルティング会社に戦略提案を依頼したところ、すべての提案を採用するわけではないでしょう。実際は、コンサルティング会社の提案に基づいて重点項目を検討することになります。日本は欧米に比べて、トップダウンよりも社内協議を重視する社風を持つ会社が多いので、社内での調整にまたさらに数カ月かかります。実際にアクションプランが完成して、各部門が動き出すのに半年以上かかってもおかしくありません。しかし、その半年で市場の競争環境は一層厳しくなっていると思います。

現在の中国ビジネスで成功するためには、誰かが腹をくくって戦略を策定し、迅速にアクションプランを遂行することが最も重要です。コンサルティング会社に戦略提案を依頼する費用があれば、中国で1人でも多くのユーザー（ユーザー企業）を獲得するための広告宣伝費や営業経費を使うほうが成功する可能性が高いと思いますし、コンサルティング会社の戦略提案を社内で検討している時間があれば、早く取り組んでPDCAを回していったほうが、中長期的に獲得できる利益は大きくなるはずです。

私もコンサルティング会社の経営者ですし、コンサルティング会社が不要だとは思っていません。**コンサルタントは、「戦略策定のアウトソーサー」ではなく、「ディスカッションパートナー」として活用したほうが、成功する確率も高くなる上に、フィーも安く済む**のでおすすめです。

戦略の遂行で最も大切なのは「当事者意識」と「やるための工夫」

私は日本を含めると17年間のコンサルティング経験がありますが、**戦略を遂行するうえで最も大切なのは「当事者意識」**だと思っています。当事者意識が希薄であれば、どんなに良い提案をしてもできない理由を考えてしまいます。できない理由が1つ見つかれば戦略は即死してしまうのです。

大切なのは「できない理由」ではなく、「やるための工夫」です。そのために戦略策定は当事者としてクライアント企業が自ら実施するべきだと思いますし、私たちはクライアント企業の外部社員のような形でディスカッションパートナーとして戦略策定に関与していくことが最も大きな貢献ができるやり方だと確信しています。そもそも、**市場のファクト（事実）がきちんと見えたなら、論理的に判断して出す結論は正解の1つである可能性が高い**はずです。

戦略の策定の3つのポイント

戦略策定というと、非常に難しいもののように誤解している人が多いのではないでしょうか？　中国ビジネスを例に取ると、私は戦略策定とは、以下の３つを決めることだけだと思っています。

①調査から見えたターゲットへアプローチする優先順位を決めること

②中期的にどれくらいの売上・利益を狙うべきか、そのためにどれくらいの活動費を確保できるかを決定すること

③「絶対にやらないこと」を明確にしておくこと

特に①は論理的に判断できることが多いので、それほど難しくないでしょう。②は事業全体のトップ判断に関わることなので、社長のトップダウンか役員会決議で決まることが多いのではないでしょうか？

私は大事なのは③だと思います。特に中国ビジネスのように日本と比べて不透明なことが多い市場は、「**簡単に口車に乗らない**」ことが大事です。調査からいろんなことがわかれば、「**絶対にやらないこと**」を明文化しておくべきです。それがないといろんな関係先からの誘惑に流されてしまいます。限られた資源をターゲット市場に集中して、迅速に成果を出すためには、まず「**捨てる**」**領域を明確にする**ことが大切だと思っています。

POINT

仮説ができれば戦略は自ずと見えてくる。
戦略策定はコンサルティング会社に丸投げするのではなく自社で行うべき。

07

中国人消費者を理解するキーワード

自社商品を中国市場に的確に紹介していくための戦術

戦略を策定できたら、**より的確に市場に自社商品を紹介していくための「戦術」が求められます**。消費財と産業財では買う人と目的が大きく違います。本書では消費財をイメージして、今の中国の消費者を理解するためのキーワードを日本企業がこれまで苦戦してきた売れない理由として5つにまとめてみました。

【売れない理由①】値段が高い理由がわからない

「**マーケティングの4P**」という言葉を聞いたことがありますか？　戦略をマーケティン

グ施策に転換するときに、「**商品**（Product）」、「**価格**（Price）」、「**販売チャネル**（Place）」、「**販促**（Promotion）」の４つを最適化していこうという考え方です。**中国でのマーケティングはこの中でも価格（Price）が最も重要**です。

数年前までマーケティングの相談の中心はアパレル業界でした。苦戦するアパレルブランドの共通点を分析したところ、**市場の求める価格で展開できていない状況**であったと思います。たとえば、日本製の高級子供服の相談を受けたことがあります。日本の出荷価格は日本で販売されている価格の約50％くらいでしたが、そこに日本の商社のマージン、中国への物流費、中国で課せられる関税などの諸費用、中国の商社やディーラーのマージン、さらに売れなかったときのロス費用まで足した価格設定となっていました。日本で販売される定価が2万円だとしたら、中国では3万円以上の価格帯になってしまうのです。当時の中国では高級子供服は1万円〜1万5０００円くらいが市場の求める予算帯としてすでに定着していたので、あきらかに予算帯を上回る価格になっていました。

多くの日本人は、「中国人消費者はお金持ちが多く、面子を気にして高い商品でもわけなく買っていく」という大きな誤解をしているように感じます。「広告宣伝をたくさんしているから値段が高くなっている」というのは、市民生活である程度の納得をしてくれますが、「いいものだから高い」といった単純な理由では、**本当に「いいもの」であることを理解してもらえません。**「有名なもの＝高い」というロジックは通用しても、**「いいもの＝高い」というロジックは単純に通用しなくなってきています。**

消費者を理解するもう1つのキーワードは、**割引による特別感に大きく反応する**ことです。割引は大きな販促手段の1つです。私自身がお手伝いした案件で実験したところ、2割引きまでは大きな消費者反応が見られませんでしたが、3割引きになると急に売れ出しました。これは中国の消費者にとって、割引のレベルの期待感がすでに固まっていることの証明だと思います。したがって、特に競合他社のセール状況はこまめにチェックしておく必要があります。

ある程度認知度が高い商品が、特別割引になっているとまず間違いなく売れ出します。ブランドを展開する会社としては、この**①認知度向上**と**②割引による買いたい気持ちの醸成**にマーケティングを集中させたほうがいいと思います。認知度向上も割引展開もかなりのマーケティングコストを使うので、それを補うためにはより多くの人に売ることを考えていかなければならないでしょう。

【売れない理由②】売られている場所がブランドと合わない

２つ目は販売チャネル（Place）の問題です。多くの日本企業は集客力のあるショッピングモールで自社商品を売りたいと考えていると思います。

しかし、**集客力のあるショッピングモールで消費者の目につきやすい場所はとにかく家賃が高い**です。高い家賃を払いたくないが有名なショッピングモールには入店したいと考える日本企業は、ショッピングモールの中の家賃の比較的安い区画を狙ってしまいます。

私はそのようなショッピングモールに実際に出店している日本のアパレルブランドや雑貨ブランドなどの状況を常に観察していますが、その周りは海外の高級ブランドではなく、決して一流と呼べない中国ブランドが並ぶ大衆ゾーンになっていました。

そのような区画では、それなりの価格のものを買い求める人が集まってくるので、高く売ることは困難です。そもそも日本で培ってきた高いブランドイメージと売られ方を自らチグハグにしてしまっているのです。

では、どうすればいいでしょうか？　**ブランドイメージを維持し多くの消費者にアピー**

ルするための店を店舗だと思ってはいけません。〝看板〟だと思うのです。

上海の街の中心街に大きな看板を掲げるだけでも年間何千万円という費用がかかる時代です。**看板に販売機能がついているのがアンテナショップだという開き直りが必要**だと思います。当然、そのような店は利益よりも経費が多くかかってしまいます。日本のクライアントには一番説得が難しいテーマなのですが、私は**「戦略的赤字」を計上できる会社こそが中期的に成功する**と確信しています。

前述のように、二等立地で売れなくて、店の維持費が赤字になる状態を、私は「**結果赤字**」と呼んでいます。「結果赤字」では市場に投資をしたことになりません。高い家賃をショッピングモールのディベロッパーに払って、売れない商品のために人を雇用しただけの赤字だと思っています。一方で、一等立地である程度売れるが、それ以上に家賃などの経費がかかった状況は「**戦略的赤字**」と呼んでいます。そもそも店の維持費ではなく、看板料が大きな経費になっていると割り切ればいいのです。

より多くの人の目に留まって、より多くの人に買ってもらえるような状況になれば、そのブランドの出店がよりやりやすくなり、中期的にはよりいい条件で一等立地に入店できるようにブランドが育成されてきます。

今、中国で最も成功している日本のアパレルブランドはユニクロです。ユニクロはまさにこのマーケティングを展開してきました。ユニクロほど資金が潤沢にはないケースでも、アンテナショップの戦略的赤字を計上すれば、中期的には利益は最大になるはずです。認知がある程度伸びていく段階は、資金に応じて出店数をコントロールすればいいのです。

【売れない理由③】ブランドの知名度が低すぎる

これが、日本企業が苦戦する理由の最大のテーマではないかと思っています。

自社のブランドを知ってもらうには、効率的な販促（Promotion）を展開する必要がありますが、中国の都市部では日本並に販促コストが高騰してきているのも事実です。

大切なのは、**「誰に知ってもらいたいか」**ということです。「買ってもらいたいターゲット」より母集団の一回り大きいターゲットを「知ってもらいたいターゲット」と設定することです。そういう人がどのような購買行動をとっているのかをしっかり調査できれば、どのショッピングモールにどんな出店をすればいいか自ずとわかってきます。

また、知ってもらいたいターゲットがどのようなホームページを見て情報を収集するの

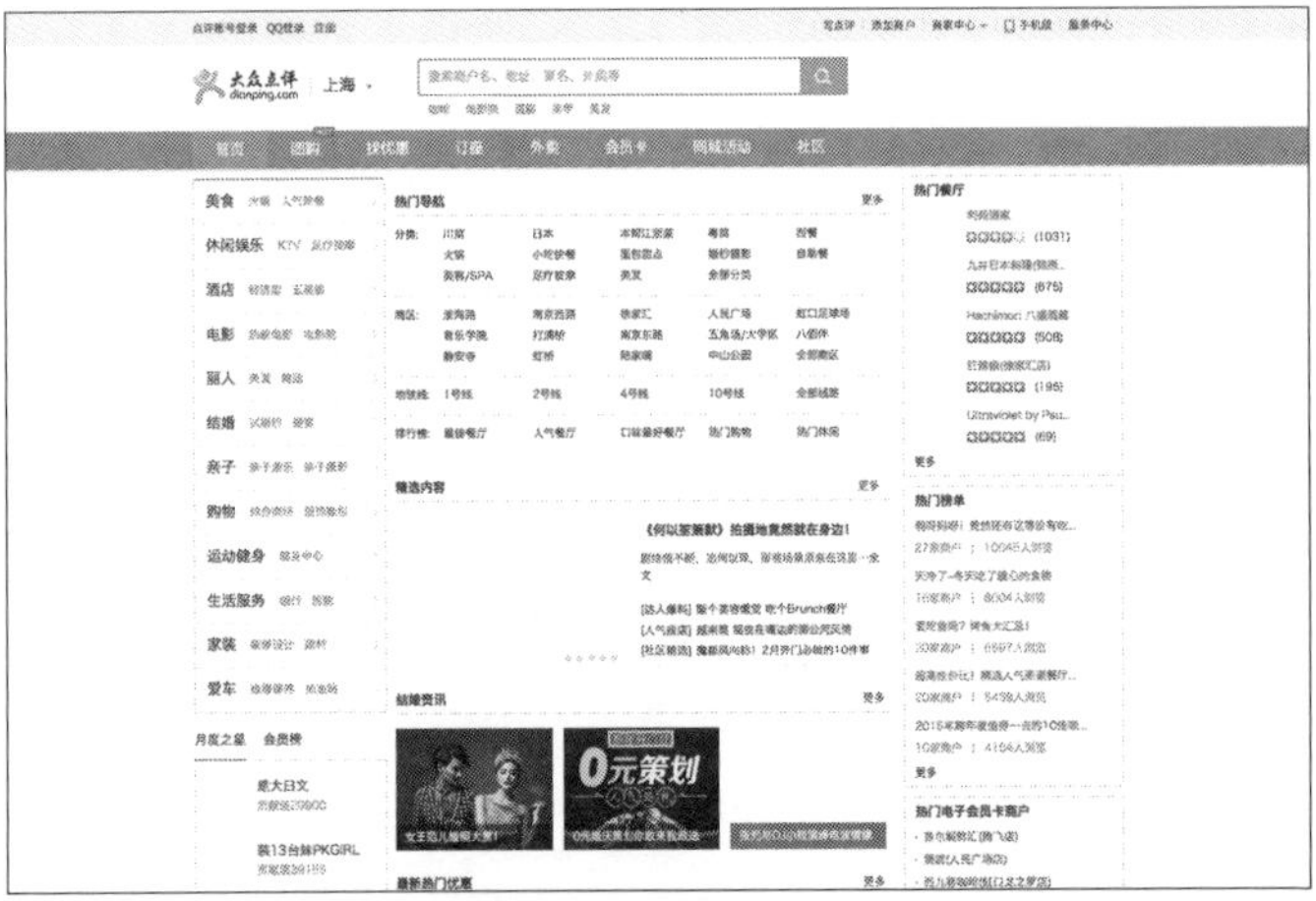

「大衆点評」（http://www.dianping.com）

かを理解できれば、そのホームページに効率的に自社の広告を入れることも可能になってきます。**「知ってもらいたいターゲット」は絶対に「買ってもらいたいターゲット」を包み込んでいることが、最も効率的な販促(Promotion)**だと思います。

たとえば、ターゲットの広すぎるバス広告に高価な商品の宣伝をしても90%以上は「買ってほしいターゲット」を外してしまっていることになります。非効率な広告です。

少し前までデジタル広告では認知が取りにくいと言われていましたが、中国では中間層以下にも急速にスマホが普及し、デジタル広告が露出できる機会が高まってきました。私は認知を取るためには、**アンテナショップな**

どの旗艦店とデジタル広告を組み合わせた販促（Promotion）を展開していくのが、中国の実情に最も適合しているると思っています。

今、中国では「大衆点評」という会社が急成長しています。この会社はウェブ上で店舗検索をさせるポータルを運営しています。もともとは飲食分野で成功したポータルサイトですが、今ではあらゆる業種の店舗検索ポータルとなっています。この会社と共同で認知と集客のマーケティングを展開していく施策を提案した案件もあります。エリア検索キーワードでより上位に上がるようにリスティング広告を購入し、「大衆点評」の読者向けに店舗で特別販促品を用意するのです。最初は特別販促品しか購入してくれませんでしたが、確実に当該エリアを中心に行動する「知ってもらいたいターゲット」に自社ブランドを短期で認知させることに成功しました。あとは購入した（来店した）お客さま名簿をもとにワン・トゥ・ワンのマーケティング施策を工夫していけばいいのです。

【売れない理由④】クチコミが起きにくい

クチコミが起きにくい要因を「商品力がないから」と結論づけるのは早すぎるケースが

多くありました。**クチコミはいい商品があれば自発的に起こるものではなく、それなりの商品でも工夫しだいで誘発できる**ものです。

まずは失敗するケースを見ていきましょう。

一番やってはいけないのが、ネットショッピングサイトなどのユーザーレビューにサクラを使うことです。現在は相当厳しく監視されていますが、それでも日本以上に抜け穴が多いのも中国です。現在の中国の賢い消費者はレビューを見ただけでサクラが書いたものか、本当にクチコミが起こっているか判断できるようです。サクラを使うような会社が書かせる文章は画一的すぎて、読者に刺さるメッセージはないとも言えます。メッセージを工夫できるくらい優秀なマーケティングプランナーは、違法なサクラ業者を管理するようなレベルの低い仕事は絶対にやりたくありません。堂々とマーケティングで勝負すべきです。

クチコミは、クチコミを発信する既存ユーザーに最大限の見返りを提供することが必要です。しかし、露骨に「友達に紹介して購入してくれたらあなたに○○をあげます」というプロモーションはまず間違いなく失敗するでしょう。クチコミを発信する既存ユーザーが友達を売ったことになるからです。では、「友達に紹介して購入してくれたらあなたの友達に〇〇をあげます」というプロモーションならうまくいくと思いますか？　おそらくこれもうまくいかないでしょう。紹介する既存ユーザーは何のメリットも感じないからです。

　私は中国で多くのブランドのマーケティングのお手伝いをしてきましたが、正直に言うと、狙ったクチコミ施策はことごとく失敗してきました。まだ日本人のマーケッターの感性が抜け切れていなかったと思います。

　では、狙わないクチコミ発信はうまくいったのか？　はい、うまくいきました。最も単純な施策がクチコミを誘発したのです。それは、「同じものを3個同時に買えば大きな割引を提供する」という非常に単純なものです。これはリピート購買が起きやすい商品向けの施策ですが、最初は割引をするならたくさん買ってほしいという単純な発想を持っていました。実際に期待以上の消費者が購入してくれましたが、実際に購入した人に話を聞いてみてわかったのは、1個目は自分が使うためのもの、もう1個はなくなったときのストック、最後の1個は友達に売る（あげる）という使い方です。2個売りではなく、4個売りでもなく、3個売りが確実にクチコミを発生させたのだと確信しました。この施策をやってから、購入ユーザーはどんどん増えていくことになりました。最初から狙ったクチコミではないので、クチコミ施策に少しも費用をかけていません。**中国人消費者の習慣が的確に施策をヒットしてくれた**のだと思います。

【売れない理由⑤】日本側が売る努力をしていない

日本側が売る努力をしていないケースも多く見られます。中国に出張に行かれた際にぜひカルフールやウォルマートなどの大型スーパーに行ってみてください。棚にひっそりと日本の商品が並んでいて、多くの人が素通りしているような光景がすぐに目につきます。棚にひっそりおいてあるブランドはおそらく商社任せで取引されているのでしょうが、売る努力をまったくしていない結果だと思います。

おそらくこの会社は、この商品がどの店でどれくらい販売されているか把握していないと思います。**販売の実態が見えないので施策も打てないという悪循環になっている**のです。そもそも商社に商品を買い上げいただいた段階でビジネスは完了しているので、この会社にとって何のリスクもないとも言えます。ただ巨大中国市場でせっかく販売チャンスがあるのに非常にもったいないと思います。

こういったケースでは、**商社に任せる領域と自社で勝負をかける領域をまず明確に整理するところから始めるのがいい**でしょう。自社で勝負をかける領域が決まれば、「市場の見える化」「仮説策定」というこの本で解説している流れに沿って進めてみれば、おのずと戦略やマーケティング施策が見えてくるはずです。何もチャネルがない状況と比べれば、自社商品が中国で販売されているだけ、情報源はすでにあるはずです。ぜひチャンスをつかんでいただきたいと思っています。

POINT

中国市場獲得に失敗する日本企業にはいくつかのパターンがある。これらのパターンから自社の問題点を再検討してみよう。

08

ベビー・キッズ関連商品は今が最大のチャンス

中国企業に有力な競合がまだ出ていない状態

ライフサイクルの成長ステージに勝機があるというお話を本章の最初でしました。**今、最も勝算の高い日本の商品は、ベビー・キッズ関連商品**だと思っています。

ベビー・キッズ関連商品は上海や北京などの主要都市だけでなく、全国的に成長ステージを迎えています。主戦場もリアル店舗からネット販売にシフトしており、販売するチャネルも物流インフラもほぼ完成しています。

現在上海でネット販売チャネルのバイヤーとおつきあいがありますが、いつも日本製のベビー・キッズ関係の商品や会社を紹介して欲しいと言われています。

本当に市場性が高いのか調べてみると、**ベビー・キッズ関連商品では市場を席巻してく**

る中国企業がまだ台頭してきていないのです。市場は大きく伸び出してきているのに、参入プレイヤーが少ない状態だと言えます。ベビー・キッズ向けの商品は豊かになった中国人消費者が中国製を敬遠して、高くても品質のいい日本製に飛びつきやすいことが、これまでも検証されてきました。日本製の紙おむつが中国で飛ぶように売れている背景には、「中国製＝二流、日本製＝一流」という不文律がすでに定着しているのでしょう。

大人が使うものであれば、コストパフォーマンスを重視する消費者が圧倒的に多いのですが、一人っ子政策に裏づけられた１人だけの子供にはコストパフォーマンスのいい製品よりも、高価格でも高品質な本物の商品を提供したいというのが正直な親心ではないかと思います。

したがって、ここに日本の高品質なブランドが本気で参入すれば、大きな売上利益につながりそうな気配が濃厚です。今から３～５年はベビー、キッズの日本製ブランドが中国で躍進できる最大のチャンスが到来したと確信しています。

上海市内のスーパーマーケットで山積みされている紙オムツ

ポイントは自社がナンバーワンになれる領域を見つけること

本気で参入するというのは、多くの人とカネを中国に投入することではありません。**自社のブランドが成長する中国ベビー・キッズ関連市場でナンバーワンになれる領域を見つけること**です。そして、**そこに資源を集中投下していくこと**です。ベビーでも新生児から3歳くらいまでカテゴリーは細分化しています。新生児向けの肌着でナンバーワンを狙うのであれば、そこに集中するべきですし、ギフト市場でナンバーワンを狙うのであれば、様々な演出を工夫することも可能でしょう。

限られた領域でナンバーワン・ポジションを確立できれば、あとはそれを真似てくる中国企業が市場を拡大してくれます。自分のカネを使わなくとも、参入プレイヤーが増えて市場規模を拡大してくれれば、背中を押されるようにナンバーワンのポジションを取った日本ブランドに消費者が流れてくるのは間違いありません。

いずれは競争が激化してナンバーワンの座を中国ブランドと争う時代が来るかもしれませんが、それまでは確実に儲けさせてくれる市場がすぐそこに来ています。ぜひチャレンジしてください。

POINT

現在の中国で日本企業にとって最大のチャンスはベビー・キッズ関連市場。中国ローカル企業に競合が現れるまでは圧倒的に有利。

09

これからの中国市場の主戦場はどこか

市場価格３００元が戦略の分かれ道

中国市場は大きく見ると**リアル店舗からネット販売に主戦場がシフトしている**ように感じます。

これまで３００人以上の中国人消費者に購買行動に関する詳細インタビューをしていて気づいたことがあります。**中国の消費者はモノの値段を30元、１００元、３００元、１０００元、３０００元を基本軸として買い方を決めている**ようです。市場の価格表示で98元や99元が多いのは、１００元程度の価格帯をイメージしている消費者により安さ感を演出しているとの見方もできそうです。

３００元以下の商品と３００元以上の商品に分けて今後の時流を予測していきましょう。

300元以下の商品はネット販売が主流に

300元予算帯以下の商品はまず間違いなく、ネット販売にシフトしていきます。特に食品、化粧品など消耗品の領域では、商品が決まっているのですから、より利便性が高く、よりポイントがたまり、より安く買えるネット販売市場にシフトしていくはずです。**中低価格帯以下のリピート購買を狙う商品であれば、ネット販売の仕組みづくりを最優先で準備しておくべき**だと思います。ネット販売の強みはユーザー1人ひとりの購買行動の情報がデジタルで取りやすいことです。

これからネット販売に力を入れるブランドは必ずネット上の会員制度に本気で取り組むべきだと思います。パソコンやスマホの中で簡単に浮気される販売チャネルなので、既存ユーザーの囲い込みが最大のマーケティング施策と言っても過言ではありません。

また、同時に**300元予算帯以下の商品は、常に新規ユーザーを獲得していく必要があります。**「浮気させない仕組み」を作るのと同時に、他社から「浮気させる仕組み」を作っていくのです。「浮気させる仕組み」を作るキーワードは、**自社の商品を試せるチャン**

スを数多く用意することです。たとえば、サンプルなどが用意できる商品であれば、「知ってもらいたいターゲット」「買ってもらいたいターゲット」が集まる場所で積極的にサンプリングし、「タオバオ」が展開するＴモールなどの自社のネット旗艦店に誘導していくべきでしょう。

サンプリングが難しい商品であれば、より「ターゲット」の集まる場所を借りて商品紹介イベントを展開していくべきです。そのときも自社のネット旗艦店に誘導するのです。

ネット旗艦店は中国のどこからでもアクセスできるので、サンプリングや商品紹介イベントの可能性は無限に広がります。ここで注意すべきことは、「より多くの人が集まる場所」が重要なのではなく、「**より多くのターゲットが集まる場所**」が重要だということです。当然、誰をターゲットにするか戦略はすでに決まっていますよね。

３００元以上の商品は販売チャネルを絞る

それでは３００元以上の商品の場合はどうでしょうか？　家電製品のようにすでにネットでの販売が一般的になっているものから、靴やアパレル商品のように色合いやサイズなど微妙なところは現物を見ないと不安が残る商品まで様々だと思います。

共通して言えることは、**販売チャネルを拡大するために、一旦は絞るべき**だと思います。

これからも主要都市だけでなく、二級・三級都市にも大型ショッピングモールは建設されていきます。当然、人件費も家賃も上昇することは間違いないでしょう。常に外部環境は変化していきます。大きな時流では「総合」店から「専門」店にシフトしていくのは、日本や香港などの先行している市場を見ても明らかです。

POINT

中国でもネット販売への移行が確実に進んでいる。価格帯で見た場合、市場価格300元が戦略の大きな分かれ道となる。

10 中国のネット販売（EC）市場をどう捉えるか

中国の内販にECの知識は不可欠

これから中国の市場で販売を目指すためには、中国のＥＣ市場についてきちんと把握しておく必要があります。

船井総研上海を立ち上げて３年が経ちましたが、Ｂ２Ｃ（消費財を中心にした中国の内販拡大）事業において最も多くのコンサルティング案件を抱えているのもこのテーマです。化粧品、食品、雑貨、家電製品、アパレル製品など、これまでお手伝いしてきたテーマは多岐に渡ります。

まずは、中国のＥＣの実情を解説しましょう。本書の読者は中国ビジネスに実際に関わっている方が大半だと思いますので、「アリババ」グループや「タオバオ」という中国最

大手のＩＴ企業の名前を聞いたことがない人は少ないかと思いますが、ここでおさらいをしておきましょう。

中国のＥＣ市場を牽引するアリババグループ

現時点で中国のＥＣ市場を牽引しているのは、アリババ（阿里巴巴）グループです。１９９９年に杭州師範大学の英語講師だったジャック・マーが起業しました。中国におけるインターネットの急速な普及を背景に、中国最大のＢ２Ｂ（企業間取引）サイトとなりました。

アリババグループのすごいところは、**中国のＥＣをＢ２Ｂ、Ｂ２Ｃ、Ｃ２Ｃに分けて、すべてのカテゴリーのＥＣインフラを自社で完成させたことにあります。**

図表５のように、大きく３つの販売インフラと１つの決済インフラを持つことで、アリババグループが中国ＥＣ市場の社会インフラを完成させたと言っても過言ではありません。特に当初から決済インフラを自社で完成させたことが同社の躍進、ひいては２０１４年９月にニューヨーク取引市場に上場し、史上最高の２５０億ドルで資金調達できたことにつ

図表５ アリババグループの各サービス一覧

	天猫（Tmall）	天猫国際	淘宝（taobao）
トップページデザイン			
コンセプト	一流、高級品もネットで	世界のよいものを直接購入	何でもある、誰でも売買できる
形態	B2C	B2C	C2C
出店条件	中国国内の法人、小売ライセンス、販売許可	国外の法人、国外での商標登録、数年の経営実態	個人（外国人は要保証人）
費用	保証金５万元／10万元、販売手数料２～5%	保証金2.5万ドル、5000～1万ドルの年費	ゼロ
どう活用するか	本格進出用	中国未進出の有名ブランド	テスト販売用

（出所）上海TU

図表６ 中国EC市場規模の推移と予測

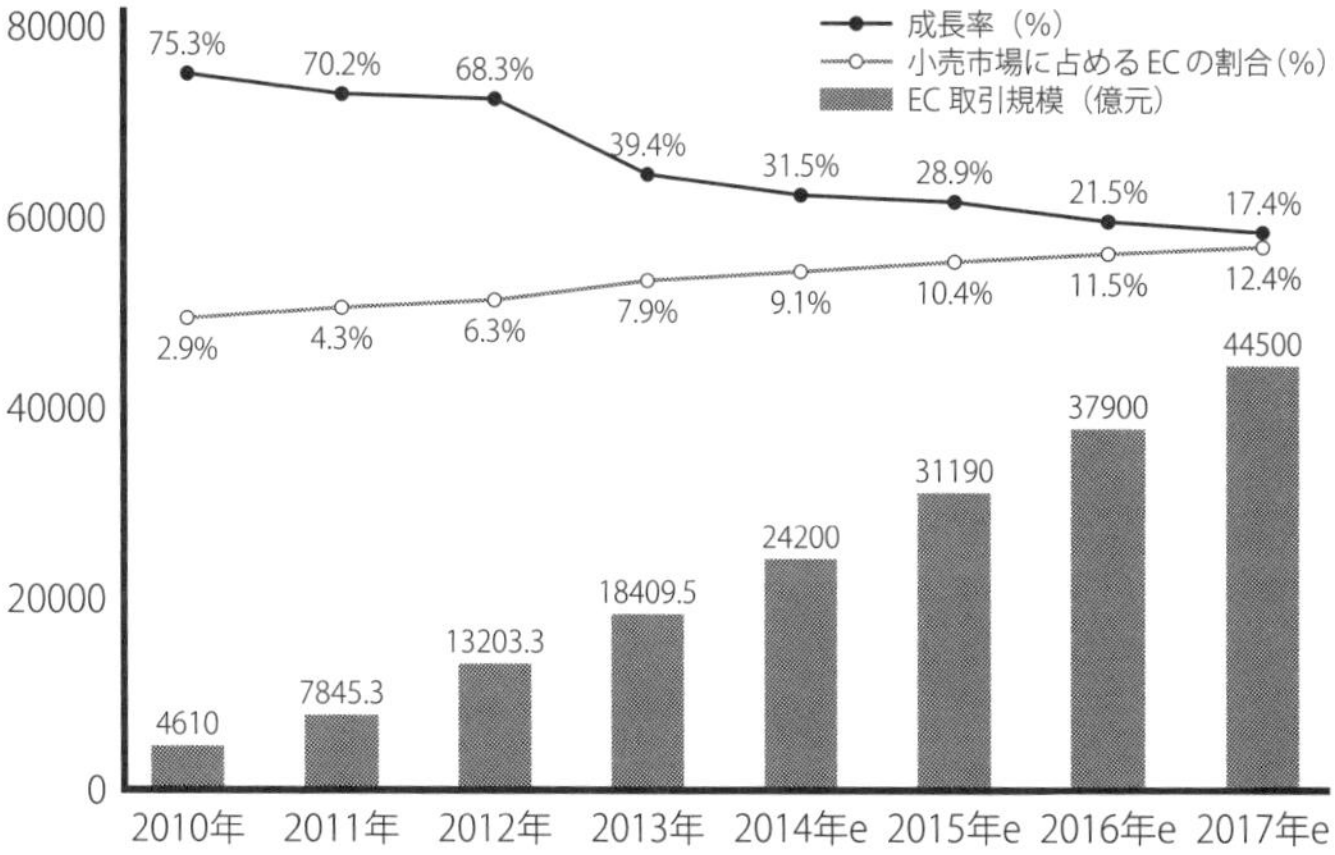

（出所）iResearch

ながっていきます。

まず中国のＥＣ市場規模ですが、全体では約35兆円市場になっています（図表６）。日本のＥＣ市場規模は約16兆円なので、すでに２倍以上の市場規模となっています。また、世界最大のアメリカのＥＣ市場規模が約42兆円ほどなので、中国は近い将来、間違いなく世界最大のＥＣ市場を持つ消費大国となっていきます。

売上規模だけでなく、商習慣などの面で、中国は日本とは大きく異なるＥＣ市場となっていることもきちんと理解しておく必要があるでしょう。具体的には、次のような点です。

【日本との違い①】中国人消費者は初めて買う店を基本的に信用していない

今や一定の年齢以上の日本人で、ネット販売（ＥＣ）を一度も利用したことのない人はほとんどいないのではないでしょうか。

では、みなさんは普段どのように店を探してＥＣを利用していますか？　おそらく楽天やアマゾンなどの巨大ネットモールを利用する人が多いでしょう。そういったＥＣモールを利用する場合、ニセモノや不良品が届く心配は比較的少ないでしょうし、万が一商品に

図表7 日本と中国のECにおける消費者の感覚と行動の違い

	日本	中国
検索行動	ヤフーかグーグルで検索	まず淘宝のトップから検索
商品の選び方	個性的、自分が欲しいものを好む	他の人が買っているものが欲しい
包装	簡素なものを好む（エコ）	立派な包装が一流品の証拠
物流	楽天的なスピード（2〜3日以内に発送）に慣れている	すぐに発送されることに強いこだわり
商品受け取り	自宅に時間指定発送	職場にいつでも発送
決済	クレジットカード	アリペイ
時間帯	平日夜、週末	平日昼間
サービス	淡々と買い物ができればよい	ちょっとしたプレゼントを好む
売り越し	なあなあ	非常に厳しい。「天猫」からペナルティも

（出所）上海TU

不具合があっても、各社ともコールセンターなどでクレームを受けつけているので、返品や交換などの手続きもスムーズにできると思っている人が多いでしょう。

しかし、中国は事情が違います。基本的に「良品」が届く確率は日本に比べて、非常に低かった歴史があります。ブランド品を注文したところ、届いたのは明らかに「ニセモノ」だったことを多くの中国人消費者は経験しています。EC以外でも市場で出回る「ニセモノ」や「不良品」の山を見れば、ECで注文していい商品が届くとは普通は思いません。そうです、**中国は信用度が非常に低い消費社会**なのです（図表7）。

アリババグループのB2Cチャネルを

「『天猫』：Tモール」と言いますが、中国のB2Cチャネルで半分のシェアを握っています。「天猫」ではこの信用度が低い消費社会に対して、2つの取り組みを仕掛けました。

1つは**消費者が購入した店を厳しく評価する仕組み**です。評価には3つのモノサシがあります。まず「ネット上の商品ページに記載されている商品が間違いなく届いたか？」です。ニセモノや不良品が届いたりするとこの項目の評価は限りなくゼロになるわけです。

2つ目は「**コールセンターの対応がよかったか？**」です。商品を購入する際に各店舗が運営するコールセンターと消費者はチャットでやりとりしますが、質問にすぐに答えてくれなかったり、質問内容からずれた回答をされたりすると、この評価は著しく下がります。

3つ目は「**納品リードタイム**」です。評判のよくない店は商品を購入してもすぐに発送してくれず、評価は下がります。

これら3つの評価を消費者は5点満点で評価していくことになります。

つまり、「商品」「サービス」「納品リードタイム」について各店が毎日数千人、数万人の消費者から厳しく評価された積み上げ結果がサイト上に店舗の評点として掲載され続けるのです。この定量評価以外にも定性的な評価としてレビューの書き込みがあります。

「天猫」では購入したユーザーが原則としてレビューを書くことがルール化されています。

商品に問題があったり、クレーム対応が悪かったりすると、このレビューにネガティブなことを書かれてしまいます。ですから各店舗は信用を維持するために、日々改善努力をし続けなければならなくなっています。

「天猫」の信用を担保するもう1つの仕掛けが**「アリペイ」（Alipay 支付宝）による決済システム**です。消費者が店を信用しないのと同様、店も実際に会ったことのない消費者を信用していません。商品をもらってもお金を払わない人、払いたくない人が大勢いるのも中国の商習慣です。そこで「アリペイ」の仕組みが必要になるのです。

消費者も店もお互いを信用していませんが、1つだけ絶大なる信用を持つものがあります。それが「**タオバオ**」という会社です。社会インフラまで作り上げた巨大企業なので、これを信用しなければそもそも消費活動が成り立ちません。我々日本人が、メガバンクや楽天、アマゾンなどを無条件で信用しているのと同じ状況だと考えてください。なかにはそれでも信用しない消費者もいるかもしれませんが、そういう人はそもそもＥＣを利用しません。一般の店や市場で商品を見て、値切り交渉して買うのが一般的という人は今日でもたくさんいます。

アリペイ決済の仕組みを解説すると、消費者は一旦「タオバオ」の決済インフラであるアリペイにお金を預けます。銀行口座のようなものをイメージしてもいいでしょう。出店している店は購入者のアリペイ口座に決済すべき残額があることを確認し、商品を出荷します。購入した消費者は届いた商品が注文したものと間違いないもの、問題ないものと判断して初めて支払を実行するのです。出店者もアリペイ口座を持っているので、アリペイシステム上で取引が完了する仕組みです。**売り手と買い手の相互の信用がないことによる不安を、「タオバオ」が仲介するシステム**とも言えます（図表8）。

アリペイがすごいのは、本来は「タオバオ」での決済に使われていただけですが、最近ではタクシーの予約決済やその他のＥＣモールでも汎用的に利用されるようになっています。今ではアリペイは決済用の銀行口座のような役割に成長しています。銀行口座というと、普通は預金機能を連想しますが、このアリペイは定期預金的な機能も合わせ持ち、余ったお金をアリペイに預けておくと、年間４％くらいの利息（日々変動しています）を消費者に還元するシステムも運用されています。普段の決済口座にできるだけお金を入れておいて運用したいという一般消費者の心理を見事に掴んだシステムだと思います。

図表８ アリペイのしくみとメリット

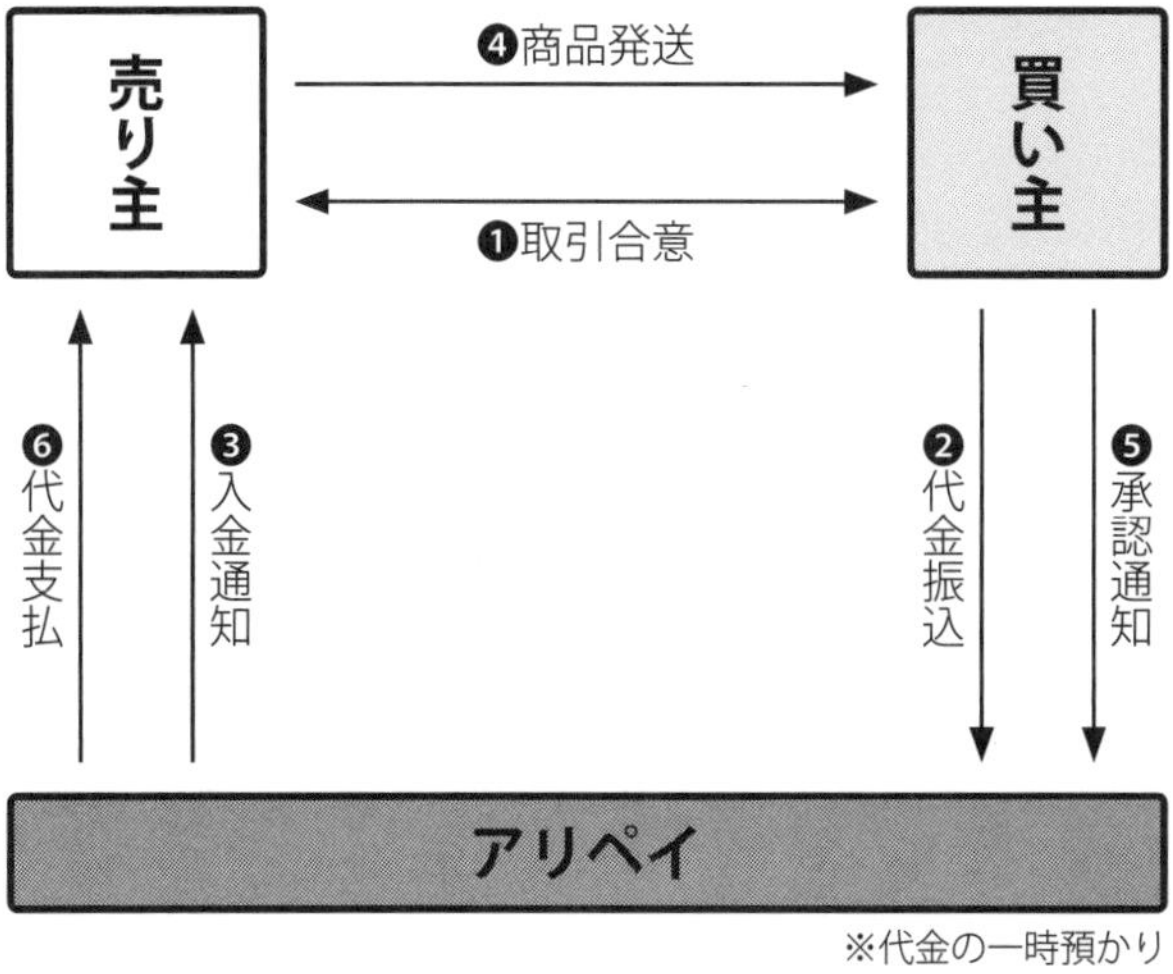

購入者側のメリット	ショップ側のメリット
商品が到着してからの支払いになるので、不良品や手違いの際に交渉しやすい	アリペイへの預け入れを確認してから発送するので、取りっぱぐれは発生しにくい

（出所）上海TU

【日本との違い②】自社運営ECが極端に少なく、ECモールでの買い物が中心

日本のECは自社サイトでの販売（本店）と楽天やヤフー、アマゾンなどのECモールへの出店（支店）を組み合わせて、より多くの消費者に自社の店舗を知ってもらい、各ECモールが提供するポイント還元システムなどに乗っかり、より多くのリピーターの来店を期待する仕組みが一般的です。

しかし、**中国ではEC全体における本店による売上のシェアが極端に少なくて、2014年現在では全体の約0・7％に過ぎません。**

その理由は2つあります。

1つは、**直接ECモールを運営できるライセンスを当局が大手企業にしか出さなくなっていること**にあります。もちろん外資企業に対しても制限は厳しいです。したがって、普通の日本企業がECで商品を販売しようと思えば、「天猫」などのB2Cサイトに出店するか、「タオバオ」のC2Cのお店で地味に商売をやるしかありません。多くの日本企業は「天猫」などの巨大ECモールへの出店を前提に考えることになります。

図表9　中国EC市場（B2C）のシェア

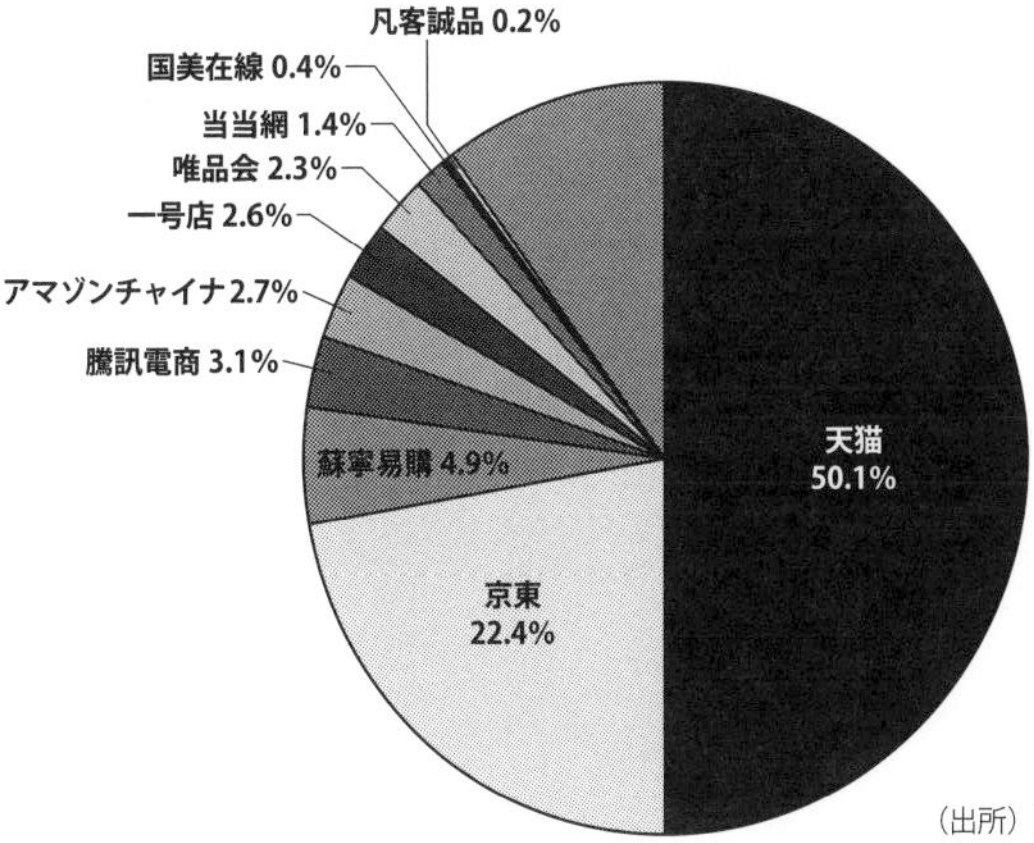

（出所）中国電子商務研究中心

もう1つの理由は、**聞いたことのないECサイトを作っても、一般消費者の信用を得ることが非常に難しい**からです。アリペイ決済を併用するような店を作ったとしても、一般の消費者は「何か裏がありそう」「絶対に騙されそう」と不安を抱くのが一般的で、ECを利用したがりません。このように、中国の消費社会には依然として売り手と買い手の相互不信があることが、ECモール以外の自社ショップが成長しないことの大きな要因とも言えます。

一方で、巨大ショッピングモールに目を向けると、「タオバオ」「天猫」以外のサイトも大きく躍進してきました。たとえば、生活品に強い「一号店」は上海を中心に中国全土に多くのユーザーを獲得しています。また、家電品に強い「京東」はすでに「タオバオ」に次ぐナンバー2の地位を不動のものにしています。それ以外にも、家電専門ＥＣモール、化粧品専門ＥＣモール、海外輸入品に特化したＥＣモールなど、中国では様々なＥＣモールが進化し続けています（図表９）。**自分たちの商品の販売を最大化するためには、複数のチャネルの組み合わせを戦略的に考えなければなりません。**

【日本との違い③】巨大ＥＣモールのイベントを軸にマーケティングが展開される

「タオバオ」や「天猫」に出店する会社にとって、今や毎年11月11日は1年のうちで最も重要な日と言えます。中国では、この11月11日は「**光棍節（独身者の日）**」と言われています。２００９年に「タオバオ」は、「独身の日に家にいるような寂しい人はどうぞＥＣでも楽しんでください」という発想で、「天猫」に出店しているいくつかの店舗に呼びかけを行って、この日だけの特別セールを実施しました。このマーケティング施策を**ダブルイレブン**（中国語では「**双十一**」）と呼んでいます。

２００９年に始まったこの施策は、当初参加する店舗も限られており、1日の売上は5

図表10「双十一」における「天猫」の売上額推移

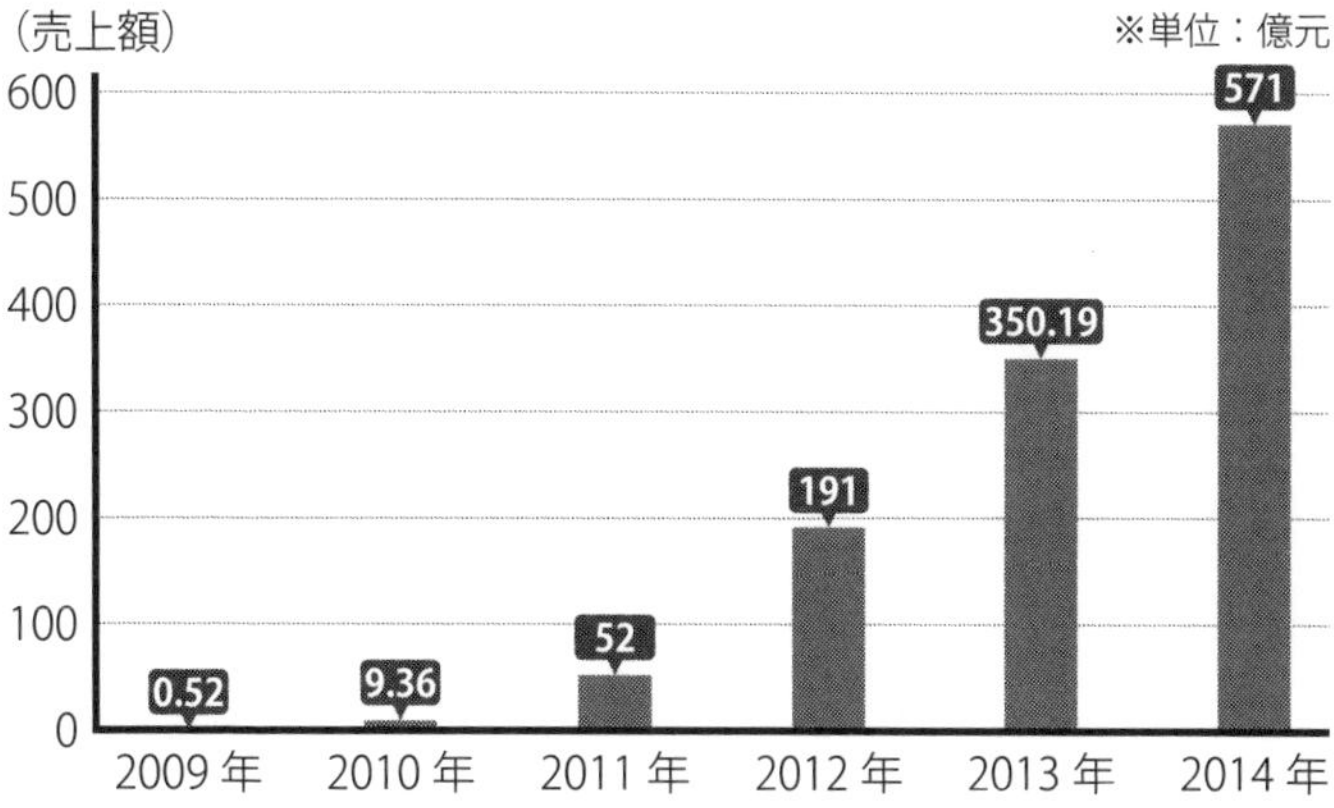

（出所）速途網

２００万元でした。しかし、６年目になった２０１４年の売上は約１００倍の１日５７１億元を達成しています（図表10）。現在では「天猫」に出店しているすべての店舗の年間最大のイベントとして定着しており、出店企業も消費者もこの日を特別な日と認識しています。

ちなみに売上が大きく伸びるのは、日付が変わった11月11日の０時から１時の間です。それまでに各店舗はダブルイレブンの予告を消費者向けに投げかけており、消費者はかご入れを済ませていたり、お気に入り登録をしていたりして、一斉にこの１時間で決済をしていきます。私も２０１４年に、いくつかのクライアント企業のダブルイレブンの企画をお手伝いしましたが、わずか1日で通常月の1カ月分以上の売上を達成しました。「天猫」も出店店舗も売上を作るために大型イベントは非常に重要であることに気づき、「天猫」を舞台に、同様の販促イベントが他の月でも実施されるようになってきています。

ところで、**「エブリデイ・ロープライス」**という言葉をご存知でしょうか?「毎日リーズナブルな価格で安定して商品を供給します」という販売側の消費者に対する約束ごとです。もともとは効率化を目的にして、アメリカのウォルマートが提唱したことがきっかけで、広く世界に浸透していったサプライチェーン戦略です。

この戦略が定着すると、店に来る人も実際の買物数も平準化されてきます。店頭に置く商品在庫も平準化された来店数や買上数をもとに計算できるので、余分な在庫を流通側で持たなくて済み、供給するメーカー側も余分な製品を作りすぎなくて済むので、サプライチェーン全体で一番コストの安い供給体制が実現できる理想的な戦略と言えます。サプライチェーン全体で作る側も売る側も「ムリ」「ムラ」「ムダ」を排除しているのですから、消費者にとって最もリーズナブルな価格が提供できます。

しかしながら、**現在の中国のEC市場は、この「エブリデイ・ロープライス」がまったく通用しません。**定価ではあまり売れないので、販促イベントの日にとことん売ってやろうという発想が国全体で定着してしまいました。「エブリデイ・ロープライス」に対抗して、「ハイアンドロー」戦略と呼ぶことにしています。**中国EC市場は世界最大の「ハイアンドロー」戦略を採っている市場とも言えます。**

国全体の消費行動が「ハイアンドロー」でできている以上、出店する企業は「タオバオ」などでの販促イベントを最大限に利用しなければ大きな成果を得ることはできません。「タオバオ」や「天猫」全体で計画されている大型イベントと、カテゴリーごとに実施される販促イベントを把握して、年間の販促スケジュールを早期に固めておくことが必要になります。当然、ウェブ上で広告を投入するときも、この販促強化月に大きな広告を入れる必用があります。**売上も投資も「ハイアンドロー」戦略でいかなければ勝てない市場になっています。**

日本のEC市場は「エブリデイ・ロープライス」と「ハイアンドロー」の中間くらいの市場ですが、中国は極端な「ハイアンドロー」市場でできがっています。

【日本との違い④】消費者は有名なものでなければ高品質と思わない

日本のネットショッピングでは、小さい無名の会社の商品でも商品ページや消費者レビューを見て納得すれば購入されることが多くあります。

しかし、EC市場に限らず、**中国では「小さい会社、聞いたことのない会社は消費者を騙す危険がある」との思い込みがまだ根強く残っています。**満を持して中国でビジネスを展開し始めた日本の中小企業が、会社の知名度が低いばかりに、「日本企業の名を騙る不届きな中国企業に違いない」というレッテルを貼られ、EC市場で相手にされないケースを多く見てきました。実際、中国企業で行儀の悪い会社が「日本田中商事」のような名前でECモールに出店してしまっているからです。

電車や飛行機、繁華街などの公共場所に大型の看板を出すような巨大企業はすぐに信用を得られますが、中国で日本の中小企業が信用を獲得するには時間とお金をじっくりかける必要があります。**中小企業が消費者の信用を勝ち取るためには、日本の会社の歴史と伝統を商品ページ上でしっかりアピールすることが大事です。**たとえば、100年以上続いている会社であれば、中国人消費者から見るとそれだけで事業規模の小ささを覆すだけの大きな信用要素になっています。また、世界に唯一の技術を持っているようなことがあれば、重要なアピール材料になってきます。

歴史も伝統も技術もない場合は、中国人消費者が知っているような大企業に商品を納めている実績などもアピールしておいたほうがいいでしょう。そういう材料もなければ、日本でたくさん売れている実績をアピールしてもいいかもしれません。日本の雑誌で取り上げられた実績をアピールする手もあります。

とにかく大事なのは、**何らかの権威を利用しなければ、安心できる会社、安心できる商品、安心できるブランドとは誰も思ってくれない**ということです。売り始めの初期投資が大きくなるのは、中国では無名の会社や無名の商品に対する不信感が日本とは比べ物にならないくらい大きいことが背景にあるのです。時間をかけて、会社、ブランド、商品の信用を高めていくことがとても大切になってきます。逆に言えば、**ある程度の信用を得られれば、中小企業であっても十分に戦える市場はでき上がっているわけです。**

POINT

中国のＥＣはアリババグループがインフラを作っている。
中国では、消費者の信用を勝ち得ることが成功のポイントである。

11 【事例】「映像」というコンテンツの商品化

R&D機能の強みを活かしてユーザーニーズを検証

本章の最後に、中国市場のニーズを検証できるコンサルティング事例をご紹介します。

船井総研上海のクライアントの1つに、西安を拠点にしたアネックスデジタルという会社があります。日本のＩＴ企業の社内ベンチャーからスタートした映像制作会社ですが、２００７年に中国に現地法人を設立しました。映像を使ったマーケティング提案が得意な非常に面白い会社です。船井総研上海が開業した直後の第1号契約先でもあり、他社にはない強みが顕著なので、将来的には中国から諸外国へもビジネスを拡大しようとしています。

同社はもともと日本からのＣＧ制作業務やハリウッド映画の３Ｄ変換業務を行っていま

した。同社の若林哲平社長はクライアント企業の指示通りに映像を制作し続けるだけでなく、自社のクリエイティブ面の強みを活かして、何とかオリジナル映像を世界に出したいという強い思いを持ち続けていました。私と出会ったのはその頃です。

同社が持つ大きな強みは、普通の会社にはできない非常に手間のかかるＣＧ制作や３Ｄ映像の制作ができるクリエイティブスタッフを抱えていることです。船井総研上海と契約する以前から試験的に公共スペースや商業施設などで広告効果の高い裸眼で３Ｄ映像が見えるディスプレイの開発などを進めていました。クリエイティブスキルだけでなく、Ｒ＆Ｄ（研究開発）にも貪欲に取り組む姿勢に共感し、この会社の技術や商品を広く中国で紹介できれば大きなビジネスチャンスが生まれるのではないかと直感的に思いました。

当時は船井総研上海もまだできたばかりで、中国国内でのネットワークも限定的でした。私たちも顧客開拓を始めるところなので、映像ソリューションのニーズがどこにあるか一緒に検証していきたいと思いました。最初は商業施設向けにアネックスデジタルが開発していた裸眼３Ｄ映像の提案をしていきました。どの会社も興味は持ってもらえるものの、コストや手間から判断すると商業施設での納入は難しいとすぐに判断せざるを得ませんでした。

そこで、もっとローコストで日本や中国のブランドに提供できる映像商品はないのか、若林社長を中心にR＆Dチームが検証を繰り返し、陳列ケースのガラス面に映像を載せたような「透過型ディスプレイ」という商品をマーケティングに活用できないかという相談をいただきました。ちょうど透明なテレビが陳列ケースになっている印象です。液晶パネルを前面に置いた陳列ケースを作るだけで、液晶パネルは中国でも調達可能ですし、コストも小型のショーケースで30万円ほどとの試算ができ、ターゲットの選択肢が非常に多く、これなら中国でも展開できるのではないかと「わくわく」してきました。

中国人ユーザーを「わくわく」させることに成功

最初は私のおつきあい先でもあるクライアント企業に提案したところ、即日納品が決定しました。中国の大手百貨店に出店しているブランドですが、大型百貨店ともなるとほとんどのブランドが同じフロアに集まっているので、販売スタッフが来店客に接客するタイミングを掴むのにどのブランドも苦労しています。自分のブランドをすでに選んでくれているユーザーでないと足を止めてくれないのです。

そこで通行客がわくわくするような映像を陳列ケース上に載せることで1人でも多くの通行客にブランドの認知を高めたいところです。通行客の足を止めることが目的だったので、1カ月だけ何人の人が足を止めたか測定したところ、予想を大きく上回る43％の通行客が足止めされたことが判明しました。中国人ユーザーは目新しい映像が好きだということがすぐに検証できたのです。このブランドはすぐに他の店舗へのショーケースの納入も決定してくれました。

映像が商品になるとわかれば、クライアント企業のニーズを的確に捉まえて商品化を繰り返すことが大切です。通常のコンサルティングの枠を超えて、彼らのR＆D能力を市場展開することが船井総研上海のミッションだと気づきました。船井総研上海のクライアント企業、おつき合い先、中国企業など、上海だけでなく地方都市にも一緒にヒアリング兼映像のプレゼンテーションを続けています。

勝因はデジタルマーケティングの需要にうまく乗ったこと

この事例のポイントは、中国での販売をするときに、これからは自社ブランドをわかり

中国の大手百貨店での「透過型ディスプレイ」の導入例

やすく〝見える化〟させたいニーズが顕在化していることが検証できたことです。

　今や中国でブランドや商品を紹介するのに、紙のチラシやパンフレットだけで表現する時代ではありません。スマホの普及が市場や消費者の求める広告コンテンツを大きく変化させました。スマホの品質もどんどん向上し、マーケティングのメインステージになったと言っても過言ではありません。スマホを軸にデジタルマーケティングのニーズが顕在化すれば、映像コンテンツの工夫も多いに求められます。

　中国人消費者は飽きっぽくて目新しいものが好きであることは、今回の事例からも痛感しています。中国の内販を伸ばしたいブランドがマーケティング施策のアイデアを絞り出すためにも、常に新しいマーケティング手法にアンテナを貼っておかなければなりません。

マーケティング提案とそれを具現化実践できるソフト（コンテンツ）やハード（ツール）すべてを提案できる会社は現時点では一部のベンチャー企業しかないかもしれません。しかし、このような会社が10年後には世界的に有名な巨大企業に変革していく予感を強く感じています。

POINT

中国もデジタルマーケティングへの時代に移行しつつある。時代のトレンドにうまく乗ることができれば、中小企業にも勝機は必ずある。

第3章

パターン別、中国市場販売で勝利する戦略

01

必ず理解しなくてはならない内販市場の戦略パターン

30%成長を続けている市場へのパスポート

本章では、これから中国の内販市場で販売を目指すために理解すべき4つの戦略パターン（図表11）を解説します。本書を出版するにあたり、このパターンを解説することが自分の中では最も重要な使命であると思っています。

この4パターンは、日本企業が中国で内販を拡大するための最重要戦略と言っても過言ではありません。市場全体の伸び率がすべての商材を合わせても年次で30%以上伸びているうえに、チャネルやマーケティングの成功パターンがほぼ完成しているチャネルであることが大きな背景にあります。

本章では、第2章で解説した市場の〝見える化〟の手法や仮説に基づく販売戦略の立て

図表11 中国内販市場の戦略パターン

	直接販売する	代理店、パートナーを介する
店舗を構えて販売する	パターン①	パターン②
ネット販売など無店舗チャネルで販売する	パターン③	パターン④

方、ＥＣを含む中国の内販事情を踏まえて、どうやって販売をうまく軌道に乗せるかについての解説を中心に進めていきます。読者のみなさんがイメージしやすいように、アパレル、雑貨、日用品、食品などの消費財と飲食店などのサービス業をイメージして解説していきます。

まずは、「**どこで売るのか**」「**誰に売るのか**」ということから検討を始めてください。「売れれば誰でもいい、売れればどこでもいい」という発想では売る側が何の努力もしない状況になります。しかし、そのような姿勢では、期待どおりの売り上げを上げることはまず不可能でしょう。

人脈による販売チャネル探しは戦略ではありません

これまで中国市場での内販について相談に来られて、お手伝いすることができなかった中小企業の経営者には共通点があります。最初の打ち合わせで「最初は大きなコストをかけられない」「売れればどこでもいい」「船井さんでチャネルを紹介してほしい」「できるだけ損はしたくない」とお話されるのです。

この中でも、「売れればどこでもいい」「船井さんでチャネルを紹介してほしい」という考え方は非常に危険です。**マーケティングや経営そのものを放棄している**からです。

「どこで売るべきかを一緒に考えてほしい」ならまだ理解できます。しかし、商品の良さを理解してビジネス仮説を自分で組み立てられていない段階で「チャネルを紹介してほしい」と言われると、いつも困惑してしまいます。「人脈のある人や会社に頼んで販売チャネルを紹介してもらうのが、中国内販戦略だ」という考えの方がいるとしたら、それは大きな間違いであると断言します。人脈や能力の高い中国人は、そのようなアプローチをしてくる日本の経営者をかなり下に見て仕事をしてしまうからです。

最初の段階でマーケティング仮説が固まっていないとしても、せめて**「どこで売りたいか？」「誰に売りたいか？」**はしっかりイメージしておくべきです。

「どこで売るのか？」「まず大きく分けてお店で売るのか？」「ネット販売などの通販市場を狙うのか？」「その両方をやるにしても、どれくらいの比率を狙うか」は決めておく必要があります。もちろん、**「自社でエンドユーザーに直接売るのか？」「代理店やパートナー企業を介して売るのか？」**の戦略的な判断も同時にするべきです。

それでは次項より、中国での販売を４つのパターンに分けて、それぞれのパターンでどのような作戦が最も成功しやすいかをみていきましょう。

POINT

中国の内販市場は年30％の成長を続けている。戦略を４つのパターン別に考えることで最適な答えを導き出すことができる。

02

【パターン①】自社で店舗を構えて直接販売する

まずエリア戦略をしっかり練り込む

私がお手伝いしている案件では、比較的規模の大きい有名ブランドがこのパターンに該当します。1店舗あたりの客数は少ないので、当然**多店舗展開をすることが戦略上重要**です。

第2章でも触れましたが、現在の中国の主要都市でこのパターン①を採るならば、かなりの**先行投資型ビジネス**になります。特に上海や北京の一等地に店舗を構えれば、家賃負担が東京の一等地並みにかかる上に、人件費も年々上昇しています。日本と同じレベルのサービスを展開するためには、販売員の教育研修にもコストがかかります。場合によっては、日本では一人で十分対応できる接客にも複数名を配備しなければなりません。

このパターンを検討する場合は、まず第一に**エリア戦略をしっかりと練り込む必要があります。**地方都市は家賃負担が少なく、上海や北京などに比べれば人件費も低く済むので損益分岐点が下がってきます。その一方で、上海や北京に比べて実購買につながるポテンシャル人口も少なくなるので、**高コスト体質の主要都市出店と、比較的コストの安い地方都市出店のいずれが自分たちのブランドに合っているかを見極める**必要があります。

実際にコンサルティングをして感じているのは、「まず上海で1号店の成功を目指そう」という発想はだんだん難しくなってきているということです。自社の目標がたとえば5年間で100店舗であれば、100店舗の最適配置を最初から決めておいて、**主要都市と地方都市の出店バランスを調整していくことが必要になる**でしょう。

また、同時に**本部機能と物流機能が広範囲にわたる市場に適合できるかどうかも念頭に置かなければなりません。**実際、毎週のように地方店舗へ出張を繰り返す本部スタッフも見られますが、営業時間の3分の1が移動時間になっているというケースも珍しくありません。

地方都市の選択肢も非常に多いです。候補となる地方都市の市場性を早期にしっかり把握して、勝負をかける優先順位をあらかじめ決めておいて最適な出店バランスを決定したいところです。

出店形態を検討する

次に決めることは、**出店形態**です。主に自社で店舗を構える作戦としては、

①百貨店に出店する（契約上は百貨店への卸契約となるが、実質は自社店舗と同じく自社販売スタッフを派遣する）
②ショッピングモールにテナントを構える
③路面店を出店する

の3つが一般的です。

まず①と②のケースから見ていきましょう。中国で販売する際に①と②の選択肢を採るなら、**百貨店やショッピングモールが欲しがるブランドに育成する**ことを同時に検討しなくてはなりません。百貨店やショッピングモールがどういうブランドが欲しがっているの

かというと、「**有名なブランド**」「**儲かるブランド**」の2つと言えるでしょう。有名なブランドだから、お客さんがたくさん来てくれて、他のショップへの波及効果も期待され、買い上げていただくお客さんからは百貨店やデパートにしっかり利益を落としてくれるというロジックです。

「日本製だから」というだけで優遇されることはない

ここでよく勘違いされるのが、**「日本で売れている」「品質がいい」というのは日本人から見れば大きな武器になりますが、中国の百貨店やショッピングモールはあまり信用してくれない**ということです。いろんなコネをたどって百貨店やショッピングモールと商談しても、結果として高い家賃や高い販促協力金を要請されて出店を見合わせた日系企業は上海にたくさん存在します。

日本人から見ると理解しにくいことですが、**中国の百貨店やショッピングモールは出店ブランドによって出店条件に露骨な格差をつけます。**たとえば、その店舗が入るだけでショッピングモール全体の格が上がるようなヨーロッパのスーパーブランドは、ショッピングモール側がのどから手が出るほど欲しいブランドです。当然、家賃などの固定費も低めに設定してきます。ショッピングセンターによっては内装工事費まで負担してくれるケースも現実に見られます。しかし、このような**最優遇を受けられるような条件はこれから展開する日系ブランドにはまずあてはまらない**と考えてください。

それではどうしたらいいのでしょうか？　まずは、**自社ブランドの中長期ビジョンを少し誇張してプレゼン資料にまとめる**ことです。ビジネスパーソンは作り慣れたパワーポイントを使って自社のブランド戦略のプレゼン資料を作りがちですが、実際に百貨店やショッピングモールにうまく入り込んでいるブランドの資料を見せてもらうと、百貨店やショッピングモール向けのプレゼン資料なのにもかかわらず、デザイン会社を使ってブランドの付加価値を高めています。

集客力の強い百貨店やショッピングモールのリーシング担当者は、店舗を選べる立場にあるわけですから、パワーポイント数枚のブランド資料と、きちんとデザインされたブランド資料を見て、企業としてのやる気を天秤にかけてしまいます。**勝負のための資料作りは時間とお金をかけてしっかり準備したほうがよさそうです。**

リーシングエージェントとのつきあい方

エージェントの力を借りるのも大切です。大きな都市にはリーシングをお手伝いするエージェントがたくさんあります。各エージェントはこれから中国でブレークするかもしれない日本のブランドを探して提案するように百貨店やショッピングモールから依頼されています。そういったエージェントを活用するのも一度に多くの選択肢に対して自社ブランドをＰＲするには効果的と言えるでしょう。

しかし、どのエージェントも同じ能力であるわけではありません。主要百貨店や主要ショッピングモールのリーシングの意思決定者との距離には大きな差があります。エージェントには日本人が経営している会社もあれば、中国人経営で日本人社員がいる会社もありますが、日本語がまったく通じないエージェントが圧倒的に多いです。今ではこういったエージェントも戦略的に日本のブランドへのアプローチを強化するために、日本語のできるスタッフを入れて体制を強化していますが、そのようなレベルのスタッフでは主要百貨店や主要ショッピングモールへのグリップ力があまり強くないことは容易に想像できます。

したがって、エージェントを選ぶ際には、その会社のトップと必ず面談して、「**どこの百貨店、どこのショッピングモールをグリップしているのか？**」「**誰をグリップしているのか？**」「**どういう準備をすればキーマンは喜ぶのか？**」など詳細にヒアリングしておく必要があります。知り合いに紹介された1社のエージェントだけで早急に判断しないほうがリスクを軽減できるはずです。

しかし、実際に契約するとなると、**戦略的にエージェントは1社に絞ったほうがいい結果につながります**。中国では、リーシングの仲介は基本的に完全成果報酬となっていることが多く、実際に出店合意がなされるまで費用がかからないので、二股や三股をかけてエージェントにお願いする会社が実際に多くいます。しかし、ついつい他社との比較コメントが出てしまい、当のリーシングエージェントにすぐ気づかれてしまうようです。

二股や三股をかけていることに気づけば、エージェントも優先順位を露骨に下げてきます。取引している百貨店やショッピングモールから提示される区画は1つなので、当然ながら一番親身にやれるブランドを選んでしまうわけです。したがって、**エージェントとは、契約する前は複数を比較検討して、パートナーとして適切な会社を1社に絞り込んで中期的に取り引きすることが非常に重要**です。

上海で短期で黒字を出すのは不可能

百貨店やショッピングモールへの自社出店の戦略を採る場合の最大のハードルは、都市部の家賃の高さです。前述のように、有名なブランドなら有利な条件が引き出せるでしょう。しかし、**これから中国で本格的にビジネスを展開するような会社は、最も高い条件で契約をしなければなりません。**

本書を執筆している２０１４年年末の段階ではまだまだ円安なので、この為替レートで上海の一等地にある百貨店やショッピングモールの家賃を日本式に坪家賃として換算すると、銀座の店舗レベルになってしまいます。１号店なので黒字を目指したいところですが、現実問題として３年以内に黒字になることは非常に難しいと思ってください。したがって、**初期の段階では上海の郊外や蘇州、無錫などの地方都市も視野に入れた複数出店を画策し、最初の10店舗くらいで収支を合わせていくのが現実的**です。その場合、上海の一等地の主要店舗の赤字を他の店の収益が支える構造にもっていくような事業計画を作るべきです。

「まずは１号店の成功」「赤字はできるだけ少なく抑えて、３年以内に黒字化」などと多くの日本企業は目標を設定しますが、このアプローチは現在の上海では失敗する可能性が極めて高いです。単店黒字ではなく、複数店舗の総事業で黒字化するために「**3年間で何店舗出店すべきか?**」「**エリアミックスはどのように考えるか?**」について最初の段階から議論していかなければなりません。

路面店への出店戦略

③路面店の戦略を採る場合はどうでしょうか? 路面店も同様に主要エリアは家賃が高いですが、百貨店やショッピングモールほどではありません。しかし、路面店ならではのリスクがあります。それは、「**いつ立ち退きを迫られるかわからない**」「**物件オーナーの判断で大幅に家賃が上がる**」ことです。

中国企業であれば、この物件オーナーとのつきあい方を熟知していますが、日本人が通訳を介して物件オーナーと交渉するのはリスクが高すぎます。私のところにも実際のコンサルティング案件で何度も路面店出店の相談が来ましたが、一部の飲食店を除いて契約に至らないケースがほとんどでした。日本側が企業として契約内容を精査して決断しなければばならないのに対し、路面店の個人オーナーは「今週中に決断してくれないと契約しない」と言うなど、日本と中国の商習慣の違いが露骨に出てしまいます。

したがって、もし路面店の出店も視野に入れるのであれば、路面店出店交渉の経験のあるローカル社員（上海でビジネスをやるなら、上海人が望ましい）を必ず採用して、大きな意思決定の権限を与えるしかありません。

中国企業は店舗開発（出店）担当マネージャーに出店ごとにインセンティブを提供しています。**日本企業もこれくらいの現地化をしていかないと路面店出店は難易度が非常に高いと思います**。それでも中期的に見ると、リーズナブルな家賃で路上からの宣伝効果を狙える路面店は魅力的です。早期に路面店出店を画策する場合、路面店出店の経験のあるローカルスタッフの採用育成に取り組んでください。

路面店の落とし穴

路面店の落とし穴についてもお話しましょう。路面店は路上からの宣伝効果は非常に高いのですが、来店率が百貨店やショッピングモールに比べるとかなり落ちます。中国には商店街や高級ショッピングストリートなどが多く見られますが、実質入店率となるとかなり購買意欲の高い人だけが店に入ってくるのが実情です。

どうしたら購買意欲の高い人に自店を知らしめるかですが、ネット上でクーポン券を配布したり、日本でいうグルーポン（共同購買）のような仕組みを使って広いターゲットに告知するデジタルマーケティングを活用することが有効です。中国で一番有名なのが、前章でも紹介した「大衆点評」というサイトです。比較的リーズナブルなコストで自店の宣伝、クーポン配布、グルーポンなどを総合的にアドバイスしてくれます。完全なローカル企業なので、このようなデジタルマーケティングの実践もローカルスタッフにかなり権限を委譲して自由度を持たせたほうが成果を上げやすいと思います。

POINT

自社店舗による直接販売は、まずエリア戦略を考える。次に出店形態をそれぞれのリスクを念頭に決める。

03

【パターン②】代理店、パートナーを介して店で販売する

サービス業で成功例が多いパターン

２つ目の代理店やパートナーを介して店で販売するパターンについて解説しましょう。

このパターンは**資金力がそれほど豊富ではない会社が選択したいと考える戦略**です。自社ブランドを掲げるが店舗の運営などは中国のローカル会社にお願いしたいという戦略です。

このパターンで最も難しいのが、「**中国企業側が無名の会社のブランドに真剣に取り組んでくれない**」ということです。

これまで多くの日本企業がどのように実施してきたかというと、主要エリアにおいて２～３店舗の直営店を前項のパターン①で出店し、多店舗展開をフランチャイズ戦略で実施

していくパターンです。このパターンでうまくいっているのが、飲食店、美容室などのサービス業です。

このパターンを選択する会社は、**初年度に少なくとも3店舗程度の収益性の高い直営店を完成させておく必要があります。**収益性が低いといくら有名なショッピングモールに入店していても誰もフランチャイズに加盟したいと思いません。

多店舗展開に不可欠なマニュアル作り

パターン①で解説したように、直営店は上海や北京などの主要都市の最も人の集まるエリアを選択し、家賃を抑えるためにそのエリアのあえて大通りではなく路地に入ったところや2階以上の区画を選択します。大通りから路地に一本入るだけで、家賃が半分くらいに下がるのが中国の実情です。このケースは多くの場合、路面店を選択することになるので、パターン①で解説したように、**出店経験の豊富なローカルスタッフの採用は最優先課題**です。

多店舗展開を想定して、フランチャイズモデルを同時に組み立てていく戦略なので、**複**

数の店で標準化されたオペレーションを構築していく必要があります。そのために接客、クレーム対応、再来店の仕組みなど、**多方面にわたるマニュアル化を直営店をモデルに完成させていく必要があります。**

フランチャイズに加盟してくれそうな経営者は、「お金はあるけど、ノウハウがない」経営者と思ってください。そういう経営者が「**これなら自分でもやれそうだ**」と思わせることが必要です。フランチャイズの仕組みを提案する際に、かなり精度の高いマニュアルを見せないと興味を持ってくれません。

マニュアルのあり方も文字ばかりで実用性がないマニュアルでは機能しません。私のクライアントには、１テーマ１ページで写真つき、図解つきのマニュアルを作ってもらうようにアドバイスしています。このマニュアル作成はできれば自社の日本人スタッフが中心となって取り組んだほうがいいものができます。

これまでに私のクライアント企業でも中国人スタッフにマニュアルでの可視化をお願いしたところ、読む人の気持ちになって作ることが日本人よりも苦手な人が多いことに気づきました。このテーマでは、器用にサポートしてくれる外注先もほとんどないので、日本でマニュアル作りの経験が豊富な人を中国に派遣して、ローカルスタッフとペアを組んで取り組んでもらうのがベストだと思います。

中国におけるフランチャイズの仕組み作りのポイント

マニュアルが完成したら、**フランチャイズの仕組み作りに取り組む**必要があります。有名なブランドは加盟金やロイヤリティを高く取れますが、まだ店舗数が少ない段階では大きなブランド収入は期待できません。そこで、ランニングで確実に自社に収入をもたらす方法を検討したいところです。飲食店や美容室などでうまくいっているパターンが「**店長派遣**」のシステムです。

日本では一般的にフランチャイズは本部のスーパーバイザーが複数の店舗を管轄しますが、中国ではスーパーバイザーがいないときはスタンダードが崩れがちになります。そこで「**常駐スーパーバイザー＝店長**」を派遣する仕組みが必要なのです。もちろん店長の人件費に本部の利益を乗せた派遣料を加盟店に請求します。実際はこの本部利益がノウハウ料と言えます。さらに飲食店であれば食材購入チャネルを本部が指定して本部にマージンが落ちる仕組みを作ったり、美容室であれば店で使うシャンプーなどの消耗品を本部経由で販売したりする仕組みを検討しなければなりません。売上管理のシステムなども本部が開発して、加盟店に使用料を支払わせるビジネスモデルが理想です。システム開発費が先に発生しますが、あとから大きな利益が得られるビジネスモデルは魅力的です。

フランチャイズ本部にとって大切なのは、店舗が拡大するとそれに比例して本部の利益も拡大していく仕組みが必要なのです。そしてある程度の加盟店が増えた段階で、段階的に加盟料、月々のロイヤリティを上げていくモデルを作ります。

代理店やパートナーに自社ブランドの店を運営してもらうパターンとして、中国型フランチャイズの仕組みを解説しました。この仕組みのターゲットは「資金がありノウハウがない経営者」にアプローチすることです。加盟店募集の方法はビジネスセミナーなどを開催することが一般的ですが、従業員を経営者に転換させる方法を模索している企業も出始めています。雇われ店長だった人が経営者兼店長、そして店長を別の人に任せて経営に選任する。中国的なステップアップの方法だと思いませんか？　中国ではこのような仕組みが今後どんどん増えていきそうな気がします。

代理店との戦略的パートナーシップ

フランチャイズの仕組みとは別に、自社ブランドの店舗を代理店として別の会社に運営してもらう方法も考えられます。

この場合は、当初から特定の代理店と戦略的パートナーシップを作り上げる戦略とも言えます。商品やサービスが魅力的なビジネスの場合、必ず代理店は中国における総代理権を要求してきますが、初期の段階ではかなり危険な選択です。代理店は実績よりもまず権利を欲しがるので、これまでにお手伝いしてきた案件でも、**総代理権が大きなハードルになって、ビジネスが全然前に進まないというケースが多くありました。**

日本企業の多くは代理店を人脈で探そうとしますが、人脈でたどり着いた代理店経営者は、資金や中国ビジネスのノウハウが不十分な日本企業を助けてあげるというポジションで商談をしてきます。この時点で対等な関係ではなくなった場合、ビジネスがスタートする時点から代理店がビジネスを支配してしまう残念な結果に陥ってしまうのです。したがって、**総代理店権は少なくとも1年以上の実績を見て総合的に判断するくらいの取り決め**

をしておくべきです。

また代理店を見極めるときに大切なのが、「**資金力**」「**経営者の経営スキル**」「**代理店社員のオペレーションスキル**」の3つです。これまでに失敗してしまった代理店マッチングには、「経営者の人柄判断」だけで代理店契約をしてしまったケースが本当に多くありました。

中国の経営者はほとんどが創業者です。何十年も続く企業の2代目や3代目経営者はビジネスが永続する仕組みと社員教育に力を入れる傾向がありますが、創業経営者は自分自身の突破力でビジネスを拡大したがる傾向が強いと言えます。つまり、ワンマン経営になって、社員が育っていない会社が本当に多く存在します。

ですから、代理店選択の過程では、**オーナーのいない場でリーダー格の社員と1時間以上ミーティングをする**ことを私はおすすめしています。そのリーダー格の社員から会社やオーナーへの批判が見られる場合は代理店選定を踏みとどまったほうが失敗しないと思います。必ずリーダー格の社員には、「自分の会社のいいところと悪いところ」を語らせるようにしてください。

代理店の資金力の見極め方

次に代理店の「資金力」ですが、これは中国ビジネスで最も難しいテーマの1つと言えます。日本であれば、信用調査会社などが正確に相手先の財務状況を把握していますが、中国にはそんな仕組みはあまりなく、個別案件に応じて調査会社が調査に赴く形を取ります。つまり、検討段階では財務状況はブラックボックス化していると思ってください。

相手の財務状況が見えないのであれば、代理店契約をするにあたって、別の形を採る必要があります。それは、**代理店側の実施事項として、細かく条件を取り決める**ことです。「出店するなら1年目に5店舗」などと契約書に細かく盛り込みます。その際に日本企業側からの支援策も同時に盛り込まなければなりません。それでも代理店の動きを心配するなら、**過半数の株式を中国側に持たせる形で新たに合弁会社を設立し、その会社と代理店契約を結ぶ**形も考えられます。

過半数を持つ出資企業である中国企業の財務状況はブラックボックスですが、日本企業も出資した合弁会社の財務状況はきちんと把握できます。また、出資比率に応じて役員を送り込むことで、経営判断が日本企業の意図に外れていないかも随時チェックしていくことが可能です。私の抱えている案件でも代理店選定においては、合弁企業立ち上げの選択肢を採ることが最も多かったと思います。

POINT

代理店やパートナーを介した販売は収益性を重視する。総代理権を与えるのは１年くらいの実績を見て、判断すべき。

04 【パターン③】ECなど無店舗チャネルで直接販売する

店舗開発とECは同時に進める

第2章で解説した中国のEC市場に関する予備知識を知っていただいた上で、3つ目のパターン「ECなど無店舗チャネルでの直接販売」を考えていきましょう。

ECなどの**無店舗チャネルの最大のメリットは、店舗を構える戦略と比較して固定費をかなり低く抑えられること**です。つまり、損益分岐点が低いと言えます。また、自社のEC店舗やブランドをしっかり認知させることができれば、**販売エリアを中国全土に広げられること**も大きなメリットです。

多くの日本企業が店舗展開をある程度完了させてからECに取り組む戦略を採りますが、私は根本的に間違っていると思います。**店舗開発とECは同時に準備して、店舗での黒字**

図表12 中国EC市場におけるカテゴリー別売上比率

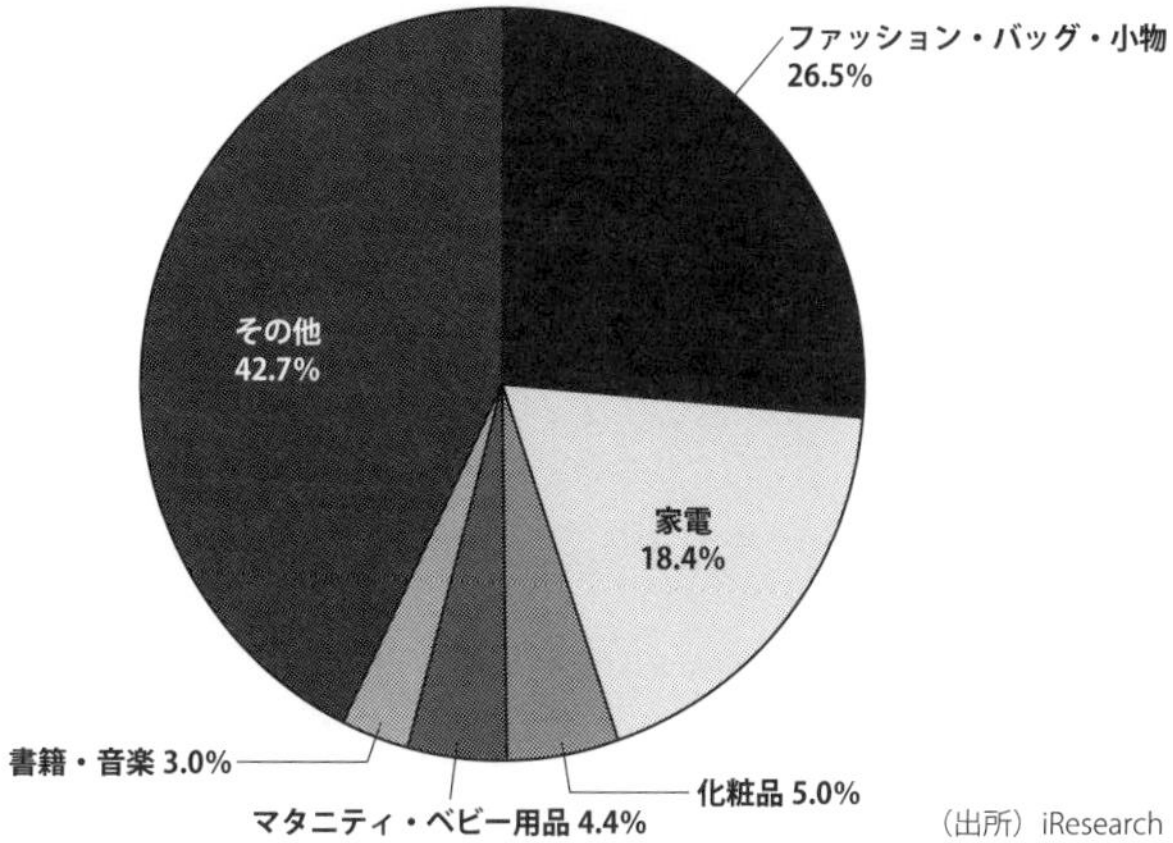

（出所）iResearch

化が進まない段階ではＥＣが店舗事業を支えることが必要になってくるからです。

ただし、この店舗事業とＥＣ事業の同時進行がすべての商品カテゴリーに当てはまるかというと、ＥＣで売れている業種（図表12）もある一方、不向きな業種も必ずあります。

たとえば、家電製品を除く**単価が１０００元を超える高級品高単価品とアパレル業界は店舗事業を先行すべき**です。

家電製品が高単価でもＥＣで通用するのは、中国では「家電はＥＣで買うもの」という消費文化が完全に定着しているからです。今や家電市場全体の40％近くがＥＣで販売されていると言っても過言ではありません。

アパレル業界については、サイズ設定が非

常に細かいので、やはり「店で試着して納得して買うもの」との認識が非常に高いです。また、有名でなければ消費者は相手にしてくれないので、有名な百貨店やショッピングモールに出店していることがすべての戦略に優先するとも言えます。ただし、３００元以下のカジュアルアパレルについては少しずつＥＣ比率が上がっているのも事実です。

まずは「天猫」直営店出店を検討する

少し脱線しましたが、**自社でECチャネルを検討するときは、まずは「天猫」直営店（正確には旗艦店）出店を検討する**ことになります。旗艦店とは、「そのブランドを所有するブランドホルダーが直接経営していますよ」と「タオバオ」が証明している店なので、一定の安心感がありますし、同じ商品ページで同じ日に同じ価格で「天猫」上で旗艦店と一般のお店が同時に販売すれば、おそらく旗艦店は3倍以上の売上をたたき出すでしょう。それだけ**消費者の直営店（旗艦店）への信用は強い**のです。

「天猫」に旗艦店出店をするためには様々な条件が必要になります。商品カテゴリーごとに詳細規定は変わりますが、共通して言えることは、以下のようなものです。

①中国に法人があること
②ブランドホルダーであること
③売上に対する「天猫」コミッションを払えること
④「タオバオ」の販促イベントに参加して広告などを投入する準備ができていること

③と④は「タオバオ」にとってお金を落としてくれる会社であることが重要なポイントなのです。それでも**初年度に「タオバオ」に投資するコストは、きちんとマーケティング施策を展開するなら1年以内に回収することは難しくない優良チャネル**であることは間違いありません。

EC戦略はローカルスタッフ中心で進める

直営で「天猫」を中心にEC出店をするなら、**日本人だけでプロジェクトチームを作らないことが非常に重要**です。これだけEC市場が巨大になってしまった中国には、「天猫」の直営店運営を経験した優秀なスタッフがたくさんいます。まずは**経験者をしっかり**

採用してローカルスタッフ中心のプロジェクトチームを作ることが必要です。運営代行は日本語でサポートしてくれる上海TU社（詳細は後述）のような会社もありますが、実際にマーケティングプランを検討していくのはローカル中心のチームでなければなりません。

よく見られる失敗例もあります。日本で採用した台湾人を「言葉が通じるから」という理由で中国現地法人の立ち上げスタッフとして転勤させて、EC担当にしてしまうことです。しかし、台湾と中国ではECの規模も歴史もチャネルも、リアル店舗とのバランスもまったく違います。**「天猫」事業の経験がある中国人を採用すべき**です。

また、できれば「タオバオ」の上層部とそれなりの人脈を形成している人がベストです。中国が人脈社会であることは「タオバオ」やECにとっても非常に大きく、すべての会社に杓子定規な対応をしてくることはありません。「この人の頼みだから聞いておこう」といった属人的な判断が多く見られます。ですから、**「タオバオ」への人脈を持っている人は最優先で採用を検討**したいところです。

年間の販売計画を立てる

ローカルスタッフを採用して、ECの直営店運営チームを作れたら**年間の販売計画を策定します。**すでに解説してきましたが、**年間の販促カレンダーを作って売上計画をできるだけ詳細に策定**します。特に1年目の数値計画はベースとなるデータがないので、精緻な計画を作るのは困難です。計画と実績の乖離は当面は問題ありません。ただ、どのように計画を作るかのロジックが大切で、**実績が乖離している場合、ロジックの何が計画と違っていたのかを検証すれば数値計画の策定精度はどんどん上がってきます。**

ECの売上計画の単純な方程式は、

直営店サイトへの訪問者数×受注率（実際に購入してくれる確率）×客単価

で計算することができます。

直営店サイトへの訪問者数は、自社ユーザーがまだほとんどいない状態では、どれだけ広告を「天猫」の中で投入できたかで決まってきます。同じ投入金額でも最初はほとんど知名度がないので効果が非常に低いですが、3カ月もすれば次第に効果は上がってきます。「天猫」の中で投入する広告費は全体売上の10〜15％くらいが一般的ですが、最初の3カ月くらいは売上計画も小さいので、**売上計画と同額くらいのEC広告費を計上しておくべき**です。「天猫」で直営店を運営する場合、毎日何人の消費者が自社サイトを訪問したかはリアルタイムで把握することができるので、どれくらいの広告を投入すれば何人くらい訪問してくるかの目安が3カ月くらいで十分につくはずです。**1人訪問させるための広告費を管理指標として毎月把握していくと、中長期的な数値計画を立てやすくなります。**

方程式の2つ目の指標は**受注率**です。受注率は商品が魅力的、価格がリーズナブルと感じさせれば高くなります。商品が魅力的かどうかは、多くの人が知っている有名な商品であれば当然高くなりますし、価格は、絶対的な価格とは別に、定価からどれくらい割り引かれて販売しているかの割安感が大きなポイントになります。また、ECの特徴として、多くの類似ブランドを比べて購入アイテムを決定する人の割合が多くなるので、**自社商品がどのブランドと競合しているのかを把握しておくことが大事**です。

商品ページ制作のポイント

また、**同じような商品認知度や価格であっても、商品ページの作り方次第で受注率は30％くらい上下することを理解しておく必要があります。**

すでに商品ページで打ち出したキャッチコピーに対して消費者インタビューを行ったところ、「まわりくどくて伝わりにくい」と評価されたことがあります。

そこで、中国人のコピーライターに時間をかけて商品を説明して中国人消費者に刺さるキャッチコピーを考えさせ、そのキャッチコピーに連動した商品ページを一から制作し直しました。その結果、掲載した翌月から昨年売上の４倍を超す実績をたたき出しました。４倍はさすがに大げさですが、**キャッチコピーの微妙な変化や商品ページのデザイン修正だけでも30％くらいの上乗せは十分可能である**ことを証明することができました。

商品ページをブラッシュアップする際に一番やってはいけないのが、日本人だけですべてのデザインやキャッチコピーを考えて、それを中国語に翻訳するという手法です。私はこれまで多くの成功ブランドの商品ページをベンチマークしてきましたが、翻訳型のページは一目しただけですぐわかります。私でもわかるくらいですから、中国人消費者が見たら、「意味が通じない」と読んでもらえるわけがありません。多くの日本企業がこの翻訳型ページで大失敗しています。

ECの直営店運営チームとして採用したローカルスタッフの人脈をもとに、**キャッチコピーを仕掛ける中国人、中国人の心に刺さる商品ページをデザインできる制作会社にアプローチしてベストパートナーを見極めておくことが必要**です。

客単価を検討する

客単価は、当初は複数アイテムの購入がほとんどない前提で検討しておくべきです。

EC上で自社ブランドを販売する場合、最初から複数アイテムの購買を仕掛けることは少し難しい面があります。自社ブランドのシンボルとなる主力単品にマーケティングを集中させ、**まずはその主力単品に消費者を集めて、リピート購買を画策する際に複数アイテムのクロスセルを画策するのが勝ちパターン**とも言えます。

売上を作る方程式上、客単価は当初は主力単品の単価にEC上の割引施策を考慮した、やや低めの客単価で検討しておくのが現実的と言えます。

ポイントはローカルスタッフの活用

こうして、売上を作るための目標数値を、訪問客数、受注率、客単価と因数分解ができれば、広告費などのマーケティングコストは自ずと試算しやすくなります。そして、**初年度は大きな利益を狙わずに、場合によっては１年目は戦略的に赤字収支の事業を計画してでもある程度のユーザー基盤を確保することが肝要**です。

商品や事業規模にもよりますが、１年目に少なくとも１万人の買上実績を狙えるくらいの事業を画策しておいたほうが、中期的に安定したＥＣ事業が継続できます。

自社でＥＣ直営店を運営する場合は、やはり**経験豊富なローカルスタッフをいかに採用して、直営店の運営チームを組織できるかが成否を決定づける**のではないでしょうか？

ローカルスタッフの育成を一から始めなければならないケースもこれから進出される会社なら心配もあるでしょう。その場合、**育成に少なくとも２～３年くらいはかかる**と思っておいたほうがいいでしょう。その場合、ローカルスタッフが育つまでに、自社のＥＣ運営を外部の専門会社と一緒にチームを作って進める方法があります。

船井総研上海では、上海ＴＵというローカル企業とパートナーシップを構築して、自社のクライアントに対して、コンサルティングだけでなく、ＥＣの日々の実務支援まで幅広くサポートしています。上海ＴＵは呉非社長を中心に、ＥＣを熟知した久能克也氏と渡辺篤氏の２人の日本人経営者との３人で出資されたベンチャー企業です。中国のＥＣ市場の成長にうまく乗ることができました。彼らの強みは常に中国人ユーザーの購買ニーズを調査し続けていることと、そのニーズをうまく商品ページのキャッチコピーに転換できていることです。

日本企業の多くは、中国でのＥＣ実務支援を日本で契約できる大きなベンダーに委託して進めているところも多いと思います。本社主導ですべての経営判断をするのであれば、そのパターンもありですし、大きなベンダーは日本本社のニーズをくみ取ることに非常に長けていて、経営会議でも使えそうな月次レポートをきれいにまとめて報告してくれます。また、予算どおりに売れなかったときの分析なども論理的です。私も日本でコンサルティングをしているときは、クライアント企業に日本で契約できてレポート内容も信頼できる比較的大きなベンダーを紹介してきました。このようなベンダーを活用することは自社にないバリューをしっかり得ることができるので大切だと思います。

しかし、上海でコンサルティング業務を始めると、もう１つの価値の重要性にすぐに気づきました。それは、「**常に中国人ユーザーを現場目線で観察し続けること**」「**そのニーズを中国人に刺さる言葉に変換して発信すること**」です。

特に会社設立からあまり時間が経っていないうちは、この感覚は特に日本人が苦労する点です。ローカルスタッフを採用しても、うまく指導教育するのは難しいと思います。その場合、業務を委託するベンダーが自社にない「市場観察目線」が強いことは大手ベンダーが持っていないバリューになります。

実際に船井総研上海ではクライアント企業とミーティングをする際、上海ＴＵのコピーライターを同席させてマーケティングプランを策定していきます。クライアント企業が観察しきれなかった顧客の生の声を代弁してくれたり、その場で「売れる」キャッチコピーを披露してくれたりして、期待以上のバリューを発揮しました。特に「売れる」キャッチコピーはＥＣベンダーにとって非常にアナログ的センスの問われる能力です。アナログ的センスなので、属人的要素もあります。

日本企業の中には、この属人的バリューについて長期に取引する上で、ネガティブな判断をする会社もあります。しかし、私は中国の内販を狙うためにあえてこの属人的バリューを肯定しています。**属人的バリューを持つ人こそ、外部の社員であっても内販を拡大するためのプロジェクトメンバーとしてうまく仲間にしていくべき**だと思います。

船井総研上海が上海ＴＵを巻き込んでプロジェクトチームを提案しているのも、実はこのコピーライティングの技術を高く評価しているからです。

コピーライティングの能力の高い人にまず、「売りたい商品」をしっかり理解してもらうことが必要です。コピーライティング能力の高い人は、売るためのアイデアも豊富に持っていることを、上海ＴＵとの協業で一番気づかされました。

船井総研上海が〝トリ〟の眼で市場を見る役割なら、コピーライターは常に中国人ユーザーと向き合って〝ムシ〟の眼で市場を見ています。**これからの中国で販売を伸ばしていくには、実はこの〝ムシ〟の眼の感覚が非常に大事**なように感じています。

したがって、これから自社のＥＣ事業を委託するサポート企業を選定する際には、会社規模やサポート実績、日本人の対応能力はもちろん重要ですが、同時に**ローカルスタッフ、特にコピーライティングをする人のアナログ的センスと〝ムシ〟の眼の市場洞察力をしっかり見極めてください。**おそらく日本企業より中国のベンチャー企業のほうがその能力に長けた人が多いはずです。

POINT

ＥＣなど無店舗チャネルでの直接販売は、店舗開発と同時に進める。
ＥＣ戦略は有能なローカルスタッフの有無が成功のカギを握る。

05

【パターン④】パートナー・代理店を介して無店舗チャネルを運営する

パートナー選びが事業成功の生命線

最後のパターン④は、ＥＣなどの無店舗チャネルを自社ではなく、パートナー、代理店を介して運営するやり方です。

すでに解説しましたが、ＥＣなどの無店舗チャネルは、店舗を構えての販売と比較すると固定費が少なく済み、損益分岐点が低くなります。損益分岐点が低いというのは、利益が出始めればドル箱になる可能性が早期に実現できるということです。これまでの経験から、**無店舗チャネルは「天猫」など特定のチャネルに絞って、まずは自社で直営店運営をするほうが、事業全体の収益モデルは組みやすい**と考えています。

それでも、初年度からのマーケティング投資や、ＥＣ事業経験のある優秀なローカルスタッフの採用・育成、「タオバオ」など関連企業との交渉など、中国ビジネスに精通し切れていない日本企業にとって、ハードルは決して低くありません。

そこで大きなリターンを狙わない代わりに、ハードルを下げてすでにＥＣ事業運営代行ができる中国のパートナーや代理店に運営を完全委託するやり方を検討したい会社も多いのではないでしょうか？

このパターンを選択する場合、**パートナー企業選びが事業の成否を決定づける大きな意思決定になります。**よくある失敗例をご紹介すると、これまでリアルチャネル（有店舗チャネル）の代理店を務めてきた企業が、ＥＣの市場性を見て、ＥＣも元請けさせてほしいと要請する場合です。

ここで慎重にチェックしておくべきことは、以下の詳細な事業計画をできれば書面で相手に出してもらうことです。

①運営ノウハウについて、どれくらいの実績があるのか？
②経営者ではなく優秀な運営スタッフをどれくらい抱えているのか？
③ページ制作やマーケティング企画など、どこのローカル企業を活用するか？

その事業計画を見ながら、「この会社は自社同様に経験が乏しく、完全に任せるには不安がある会社かもしれない」という考えが少しでもよぎるのならば、その会社に全面委託するのは避けたほうがいいでしょう。

経験豊富な中国のローカル企業はどんどん成長してきています。自社のブランドが日本で非常に有名で、運営委託する中国のローカル企業にとっても食指の動くものであれば、コンペなどの形で複数の企業に声をかけて比較検討してみることが重要です。

その場合、コンペ先の運営体制を評価する指標として、以下のようなことを相対的にしっかり比較したほうがいいかと思います。

①ＥＣで売上を拡大させるその会社ごとの基本方針
②重要視する事業の管理指標
③主要ＥＣチャネルでの運営実績
④類似する案件の１年目からの実績
⑤実際に業務を行う運営スタッフのキャリア
⑥運営委託の固定費と売上連動する運営委託変動費

契約は最初は6カ月で、その後1年ごとの更新が基本

コストの高い会社が実績をあげてくれるとは一概には言えません。大きなビルにオフィスを構え、間接部門の人数が多ければ、当然見積りは高くなります。一方、ベンチャー企業など見積りがリーズナブルな会社では、この案件を手がけることが戦略的に重要だと判断すれば、経験豊富な経営陣が直接指揮を執ってくれる可能性があります。

大きな会社に委託する場合の落とし穴として、会社としては実績も経験も豊富なのですが、実際に業務を担当する個々のスタッフのスキルに大きなバラツキがあることが挙げられます。もちろん、しっかりとした取り組み体制が合意できれば、当初はそれなりにスキルの高い担当者をつけてくれますが、売上が期待ほど伸びない場合は明らかにスキルの低い担当者にシフトさせてしまい、運営体制が崩壊してしまうケースもあります。

このようなリスクを未然に防ぐためにも、**運営会社との契約は、最初は6カ月契約にして、その後は1年ごとの更新体制を基本に考えておくべき**です。また目標が達成しそうにない場合の解約の取り決めも自社にとって不利にならないように、中国の弁護士ともしっ

かりと詰めておくことも不可欠だと言えます。
　また、非常に優秀な運営会社が見つかったとしても、すべてのECチャネルを1社に運営させるのではなく、「『天猫』ならA社、他のチャネルはB社」などのように使い分けてお互いに競争を常に意識させることも重要です。1社と心中できるほど、中国の内販市場は小さくありません。**リスクを分散させていく姿勢は、どんな商品でもどんな規模の会社でも共通して大切なこと**だと思います。

POINT
パートナー・代理店を介した無店舗販売は、パートナー選びが最重要。
パートナーとの契約は、最初は6カ月にすることが基本

06

「中国に会社を設立せずに売る」という発想

スモールリスク型の中国ビジネス

本章では、中国における内販の実務や注意点について４つのパターンに分類して詳しく説明してきました。ここまで読んで、これから中国での内販を検討する方々の中には、チャイナリスクが非常に心配で、「**大きなリターンは当面必要ないからリスクをできるだけ軽減したい**」という考えをお持ちの方も大勢いるのではないでしょうか？

中国市場は巨大なので、本来ならば大きなリスクを覚悟して大きなリターンを狙うべきです。しかし、自社の日本での事業規模を考慮した場合、見知らぬ市場に何億円も投資した結果、日本のビジネスの屋台骨が揺らいでしまっては本末転倒です。したがって、このような〝**スモールリスク型**〟**の中国ビジネス**についても、説明しておいたほうがいいかも

しれません。

私がコンサルタントとしてお手伝いしている案件の多くは、すでに中国への投資、中国での現地法人設立を完了した後のクライアントのお手伝いです。中国での一からの会社設立、ビジネスモデルの提案からスタートした案件も多くあります。その一方、日本での事業規模があまり大きくないクライアントの場合は、リスクをできるだけ回避して、中国に会社を作らずに日本にいながら中国への販売を力相応に進めていくことを提案した案件も複数あります。ここで解説します。

戦略はあくまでも現地パートナーと共同で考える

中国に会社を作らない中国ビジネスとはどのようなものでしょうか?

結論から言うと、**すでにでき上がっている商流や物流に乗っかって、マーケティングや自社商品のプロモーションの工夫を商流や物流のパートナーと一緒に考えていくやり方**です。

マーケティングやプロモーションを完全に現地パートナーに任せてしまうやり方も考え

られますが、これでは自社商品が自分たちの知らないところで輸出されているだけにすぎず、自社で勝負をかけるタイミングもわからない状況なので、私は中国ビジネスの範疇には入れていません。

2つのパターン

では、すでにでき上がっている商流や物流とはどのような形でしょうか？　大きく2つのパターンがあります。

中国人消費者が日本の良いもの（品質が良いという意味ではなく、日本で売れているもの）を欲しがっていることは紛れもない事実です。このような商品を組織的に調達して中国に持ってこようとして、中国の各ECモールは日中間のクロスボーダー・サプライチェーンの新インフラを開発しています。本章でずっと触れている「天猫」も実施しています。

日本には日本でバイヤーがいて、すでに用意された商流と物流インフラを利用して、中国人消費者に自社商品を紹介し、購入してもらうシステムです。普通の中国内販と比較すれば売れる量も少ないので、各社とも大規模なマーケティング投資を要請することもなく、力相応に中国市場とつながることができるという大きなメリットがあります。この仕組みに乗っかることはリスクの面では非常に小さいのでお勧めです。

ただし、このスキーム自体がまだ発展途上にあるビジネスモデルであるため、1社とだけ組むよりも、兼務でもいいので**日本で中国市場向けのマーケティング担当者を任命し、チャネル選びから始めて必ず複数のチャネルに同時に展開していくべき**です。

1社だけでうまくいかない場合、「やはり中国ビジネスはうまくいかない」とすぐに結論づけてしまいかねません。**複数のチャネルと取り組むことによって、うまくいった要因、うまくいかなかった要因を自分たちなりにしっかりと把握できるので、来るべき本格展開のタイミングまで自社のノウハウがたまっていきます。**

もう1つのパターンは**すでにでき上がっている商流や物流の仕組みをオーダーメイドで組み合わせること**です。現地に情報源がまったくないと少し難しいかもしれませんが、商流を持っている現地のキーマンや物流をサポートしてくれる日本側のパートナーが見つかれば、1つずつ連結させていって中国市場への販売の仕組みを作っていくのです。

このパターンを選択する場合、効率的な中国出張を繰り返す必要があります。実際に私が個別の案件をお手伝いしているのはこのパターンです。

日本の物流会社、商社と一緒に構築した「スモールリスクパッケージ」

では、実際にどのような取り組みをしているかご紹介しましょう。

２０１３年から大阪に本社を構える阪神ロジテックという会社の商社部門のマーケティングのお手伝いをしています。この会社は、中国やアジア諸国への輸出入業務（通関や物流業務全般）に非常に長けていますが、物流だけでなく商流の面でもお客様の役に立てる事業を拡大しようと考えていました。同社の物流機能に、商流機能も持たせれば中小企業のお客様により深いサービスが提供できると考え、商社事業の機能強化を図ることにしました。具体的には、阪神ロジテックの物流に、商社事業を担う子会社あおばの商流、船井総研上海のコンサルティングを付加したワンストップのパッケージ商品を構築して、きめ細かな中国ビジネスをサポートできる体制を確立させることを狙ったわけです。

このパッケージ商品では、船井総研上海とあおばが共同で売れる商品の見極めから行っています。売れる商品であれば、船井総研上海がどのチャネルで売れるか事前に調査を行い、販売をサポートしてくれるチャネルが明確になった段階でお客様と契約し、2カ月のテスト販売を提供しています。

このパッケージがお客様に喜ばれるのは、契約するとすぐにテスト販売で売るための2カ月分の商品をあおばが日本円で買い取ることです。商社としてあおばが中国の販路に販売するので、日本のお客様は直接中国に販売するために会社を作らなくてもいいですし、人を雇う必要もなくなります。もちろん物流会社の阪神ロジテックが母体なので、通関や物流の専門的な手続きもすべて代行します。難しい海外への販売手続きも為替リスクもまったく発生しないビジネスモデルなので、日本のお客様は売ることだけに専念すればいいのです。

あおばが商品を買い取った後は、あおばと船井総研上海とお客様が一緒になって、中国で販売するための作戦会議を行います。すでに協力してくれる販売チャネルは船井総研上海が見つけてきていますので、その販売チャネルか販売チャネルへの納入をしてくれる中国のディーラーも作戦会議に入ってもらうこともあります。

このスキームを実行するにあたって、**2カ月のテスト販売中にできるだけ、お客様や販売チャネルの声を聞くことを重視**しています。お客様や販売チャネルからは中国で売るための商品に関する改良アイデアがどんどん出てきます。お客様はその声をできるだけ反映した、中国で売るための商品企画につなげることができるのです。

２カ月のテスト販売期間中にも船井総研上海ではさらなる販売チャネルの開拓を進めますので、３カ月目以降も実際はお手伝いが続くのですが、仮に今の商品では本格的な勝負ができないとテスト販売期間中に判断できれば、一旦コンサルティング契約を休止して商品企画に専念してもらうこともしています。

中国ビジネスで失敗するパターンは、中国側の販売チャネルが早期で売ることが難しいと判断した場合、契約はそのままに中国の販売側のモチベーションが急に冷めてしまうことです。このスキームでは2カ月間とかなり短いテスト販売期間に設定しているので、テスト販売の結果を見てお客様が判断し、その後何をしていかなければならないかを一緒に考えることができることが、リスクの高そうな中国ビジネスのハードルを下げることに役立ちました。私はこのスキームを「スモールリスクパッケージ」と呼び、あおばと協業の戦略商品に位置づけています。次項の事例で紹介する「ら・あんぷるーる」はこのスキームを使っています。

あくまでもテストマーケティングであるとの認識を持つ

中国に会社を作らずにスモールリスク戦略を採るというビジネスは、将来の本格的参入までのテストマーケティング期間であるとの認識を持たなければなりません。テストマーケティング期間なので、**「何をやればうまくいったのか？」「何をやればうまくいかなかったのか？」など、施策ごとにやり方や成果の振り返りを繰り返すことが最も重要**です。

リスクが少ないから損をしないというわけではなく、いつでもブレーキをかけられる代わりに、勝負するタイミングが見つかった場合は一気にアクセルを踏み込むくらいの覚悟をもって取り組むほうが、中国で連携する販売チャネルのモチベーションも上がります。

POINT

中国に会社を作らないで売ることも可能。
ただし、テストマーケティングの手法として考えるべき。

07

中国内販ビジネスの事例

中小企業でもやり方次第で成功できる

ここからは、実際に私たち船井総研上海がお手伝いしてきた中国内販ビジネスの事例を紹介したいと思います。

船井総研が中国内販をお手伝いしてきた案件には、日本のオーナー経営者による製造業、ベンチャー企業、誰もが名前を知っている大企業など多岐にわたりますが、ここでは比較的企業規模の小さい会社が中国内販でチャネルをうまく構築していった事例を中心に取り上げてみたいと思います。

【コンサルティング事例1】海外旅行用商品のロードウォリアア(城下工業)

船井総研上海を設立した後、城下工業の上海法人の設立、マーケティングプランの策定、店舗販売のチャネルづくり、ECチャネル構築など、多岐にわたる戦略策定をお手伝いしてきました。本章のパターンでいうと、パターン①～パターン④まですべてに当てはまる事例です。

同社は、日本の電気製品を現地のコンセントの形状に変換する海外旅行用電源アダプター分野において、日本国内でトップシェアを持つ長野県上田市に本社のある会社です。アダプターだけでなく、スマホやデジタルカメラの充電に必要なUSBポートや出張に便利な複数口の電源タップなど、ビジネスパーソンに不可欠なアイテムを多数取り揃えています。海外出張用だけでなく、海外旅行に必要な商品も豊富にラインナップされているので、会社の名前を知らなくても、この会社の商品をお持ちの方はたくさんいると思います。

この会社との出会いは、私が東京で行ったセミナーがきっかけです。中国企業が見習うべき「真面目なモノづくりへの思い」はまさに日本の優良企業のお手本と感じましたし、このモノづくりの姿勢は中国市場、とりわけ中国の消費者の共感を得られるだろうと直感的に感じました。

同社はもともと日本向け商品の多くを中国の工場で生産していたので、日本への輸出実務を担当する機能は現地法人設立前からすでに確立されていました。この輸出実務の担当者を中国内販の現地責任者にして内販実務も行える現地法人を設立するところからコンサルティングは始まりました。特に海外旅行用アダプターは同社の代名詞とも言えるヒット商品なので、これをどのようにして中国で販売していくかを最初に考えました。

そして目をつけたのが、長野県のそれほど規模の大きくない会社がどのようにして海外旅行用アダプターの分野で日本のトップシェアを獲得するまで成長したかという点です。同社の日本でのビジネスを詳細に分析すると、日本では代理店とうまく協力して、成田国際空港や関西国際空港、中部国際空港などの大きな国際空港でしっかりと販売チャネルを獲得できたことにありました。海外に旅行や出張に行く人々が必要とする商品なので、一番売るべきところは当然空港ということです。

【パターン①】まずは上海市内の小売店に納入する

中国内販戦略を日本本社の城下徹社長と議論した結果、中国でも大型空港でのチャネル獲得がすべての戦略に優先するとの結論がすぐに出ました。しかし、すぐに空港に納入することはハードルが高いと言えます。

そこで、まずは現地法人の内販責任者が頑張って、上海市内の百貨店や携帯ショップなどに納入できることになりましたが、一店あたりの売上は大きく伸びません。日本と同等の価格設定をしていたので、市場が求める価格と実際の商品価格がミスマッチだったと思います。中国の市場では品質の良くない旅行用アダプターが非常に安い値段で販売されていたからです。

それでも、商品力を評価してもらえる直販の小売店が少なからずあったことは自信につながりました。やはり中国を代表する上海や北京の空港に納入することが内販ボリュームを決定することを改めて認識しました。

【パターン②】空港に納入するために代理店を探す

引き続き直販で空港に納入することを模索しましたが、そう簡単にサプライチェーンは判明しません。というのも、上海や北京の空港の販売店に納入業者を尋ねてもまず教えてくれないからです。あとでわかったことですが、中国の空港は商品が並ぶだけで非常に販売力が大きいので、各空港への納入業者がサプライチェーンを閉鎖的にコントロールしている状態でした。もちろん、日系のサプライチェーンが入る隙はありません。正攻法ではどこにアプローチすればいいのか、ほとんど見えない状況だったのです。

そこでパターン①をあきらめ、パターン②に切り替えました。具体的には船井総研社員の人脈を使って、北京の空港に納入できるチャネルを知っていそうな人や会社にアプローチをし続けた結果、北京のある販売会社が納入のお手伝いをしてくれることが判明しました。そして、日本の城下社長に何度も出張してもらい、商品の優位性を一所懸命アピールしていきました。こちらの情熱が通じたのか、早い段階で先方の社長は城下工業の商品に非常に興味を示し、販売するために新しく会社を作りたいという提案をもらいました。

これは大きなチャンスでした。せっかく会社を作るのであれば、日本から最大限の支援ができる体制を作るべきだという提案を日本の城下社長に出して、最終的に空港への販売チャネルを持つこの販売会社と北京で合弁会社を設立することになりました。北京の国際空港のサプライチェーンを調査し始めてから実に1年くらいかかってこの体制を確立することができたのです。予想以上に時間がかかりました。
この販売会社の社長と出会ってよかったのは、中国でまだ未取得であった電気製品に関する認証（日本でいうＪＩＳマークのようなもの）を取得することも同時にできたことです。これによって、代理店を介する販売だけでなく、パターン①の直販まで大きく飛躍するチャンスが出てきました。

【パターン③】「タオバオ」での販売も初期から実施する

中国の現地法人では、会社設立当初から「タオバオ」でＣ２Ｃの店も出店しました。まだ内販ボリュームが少ない時期でしたので、「天猫」ではなくＣ２Ｃの店を選びました。「天猫」に入るためには、入店料がかかるだけでなく、電気製品の認証取得も必要だったので、時期尚早と判断していました。それでも、「タオバオ」本社を訪問したりして、いつかは「天猫」に出店しようという計画は持ち続けていました。そして、北京の販売会社と出会い、認証取得も現実的になったので、これからＥＣの分野でも売上基盤を固めていきます。

【パターン④】代理店を介したECも今後は拡大

現在は北京の国際空港で販売することに集中していますが、その後電気製品の認証取得も可能になったので、代理店を介して「天猫」やその他の有力なＥＣサイトへの卸販売も拡大していく計画です。２０１２年に会社を作って3年が経ちましたが、ようやくすべてのパターンで中国内販が本格的に展開できることになります。

城下工業が現地法人を設立したとき、空港に納入することが大命題であるとの判断をしていましたが、その時点ではいったいどうやって納入していくべきか、プロセスがほとんど見えていませんでした。しかし、力相応に上海市内の百貨店や小売店に直接販売したり、「タオバオ」に出店しているうちに、少しずつ中国での商品の評価やアプローチすべきサプライチェーンが見えてきました。確かに**中国ビジネスは時間がかかるという側面もありますが、まじめにコツコツやっていれば大きなチャンスも転がっている**ことを学べました。

【コンサルティング事例2】オーガニックコットンの子供服「ら・あんぷるーる」

この事例は、私がお手伝いしている案件でも最も事業規模の小さい会社のブランドです。本社は京都にあります。「あんぷるーる」とはフランス語で「癒し」(ampleur)という意味です。日本でもできたばかりのブランドですが、本章で紹介した阪神ロジテックという物流会社の商社部門のお客様でした。このブランドの商品企画をしているのが、童話作家でもある岸田淑子さんとそのお嬢さんの松村あかりさんです。最初にお会いしたときに岸田さんの心温まる童話を読ませていただき、この温かいイメージが伝わる商品を中国で何とか販売したいと本気で思いました。

もともと縫製工場を経営していた社長が別会社で創業したアパレルブランドです。母体が縫製工場なので、高品質なものを小ロットで作ることはどの会社よりも得意と言えます。また、大企業の有名ブランドのように、大量在庫を抱えると大幅な値引きをして消化していかなければならないアパレルブランド特有のリスクを回避できる体制があり、中国内販のテストマーケティングをするのに非常に適していました。

第2章でも書いたように、中国市場は日本製のベビー・キッズ関連のニーズが非常に高まっています。有名なブランドでなくとも何とか中国ビジネスで足跡を残せないか、先方の社長と商品企画のメンバーと何度かミーティングをしました。日本でミーティングをしていていつも感じることですが、本気で自社のブランドを「愛している」気持ちが強く伝わってきます。事業規模の小さい会社ですが、小さいなりのリスクを回避した戦い方ができるのではないかと、作戦を練りました。

最初に実施したことは、同社の商品が本当に中国人ユーザーに評価されるのかについての検証です。生まれたばかりのブランドなので、中国市場向けの商品サンプルを作って、中国人のヤングママに実際に使ってもらいました。デザインが斬新で心温まるキャラクターが非常に目立つ商品なので、目新しさは十分に発揮できました。また、素材面で日本でも高価なオーガニックコットンを使っているため、「世界一の素材×日本製」を大きな特徴として打ち出すことに成功しました。

実際に顧客の声も常に拾いたいと思い、前述した「スモールリスクパッケージ」の仕組みを使いました。具体的には、阪神ロジテックの商社部門の子会社である株式会社あおばの責任者の人脈を使って、中国のローカル百貨店に出店している子供服店で委託販売を進めました。同時に船井総研上海のネットワークで、日本製の高品質な子供服を販売してくれる代理店も見つかり、社長に上海出張してもらい、モノづくりへの思いと中国のために一から商品開発をするという姿勢を示したところ、非常に早くオーダーをいただくことができました。

まだ内販を始めたばかりですが、こんなに短期間でテストマーケティングができる体制を作れたことは生まれたばかりのブランドにとって大きなチャンスです。この規模のブランドを中国で本格的に拡大していくためには、最初はいくつかの興味のある代理店に並行アプローチしていかなければなりません。そして、**ユーザーがある程度このブランドを支持してくれることが明らかになれば、ビジネスを拡大しようとする代理店が必ず出てきます。**それまでリスクの高い投資をあえて避け、**まじめに商品をプレゼンしていく姿勢が大切**だと改めて感じることができた事例でした。

また、中国で成功するために、日本での販売チャネルの開拓も同時に進めていかなければなりません。できれば中国人旅行者の目に触れやすい空港や京都駅（京都の会社なので）内の百貨店などに委託販売する方法も同時進行で考えています。

上海でも多くのアパレルブランドから相談を受けましたが、日本と同じ商品を中国人ユーザーのニーズを無視して、日本出荷額に物流費、関税、増値税（中国の消費税）を加えた価格で百貨店に並べるようなやり方では、後発の無名ブランドは必ず苦戦しそうだったので、小ロットから中国市場のために商品企画をする提案をし続けるつもりです。中国市場でのマーケティングはまだまだ始まったばかりですが、**小さい会社でもキラリと光るブランドを生み出し、世界で勝負ができる**ことをこのブランドは必ず証明してくれると信じています。

POINT

地方の小規模や無名の会社にもチャンスはある。大事なのは情熱とまじめにコツコツやる姿勢。

第4章

中国ビジネスで勝つための日本人のマインド・リセット

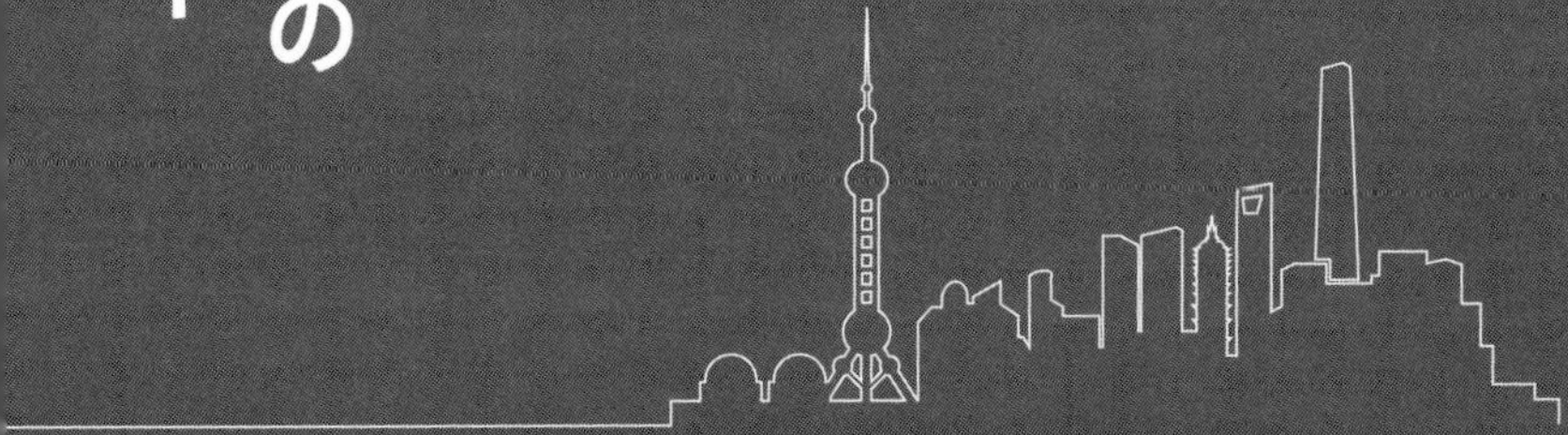

01

中国ビジネスとは世界と戦うこと

中国は「競争」ステージの真っ只中にある

船井総研上海を立ち上げてから3年が経ちました。この3年の間におそらく６００人近い総経理（中国の企業統治における会社を統括・管理する責任者）とお会いしたと思います。

多くの日系企業は、低成長時代に突入した日本市場のみに頼る構図から脱却すべく、自社の商品やサービスで、世界中の企業が参戦する隣の巨大市場・中国をなんとか物にしたいという崇高なミッションを持っています。しかし、現地法人を任されるトップ（総経理）がその崇高なミッションを完全に腹落ちし切れていないケースも見られ、苦戦している企業が予想以上に多いと感じました。

成熟化した日本市場は「競争」ステージから「共生」ステージへの転換を迎えていますが、**中国市場は典型的な「競争」ステージ**です（図表13）。その「競争」も、日本市場のように日本企業だけとの競争ではなく、急成長する中国企業、人脈をフル活用する台湾企業、トップエリートを送り込む韓国企業、大資本を投下する欧米企業とのし烈な競争環境と言っていいでしょう。

前述したミッションが完全に腹落ちしていない現地法人のトップは、**日本でのやり方にこだわりすぎているよう**です。実はここが明暗を分けるポイントなのです。

「守る」日本と「捨てる」日本

確かに日本式の経営は世界一の高品質商品・高品質サービスを生み出しました。しかし、海外市場での販売においては苦戦していると言えます。日本市場なら普段の営業活動からさまざまなお客様のニーズを把握することができますが、外国では日本とは違うニーズのつかみ方、販売方法が考えられます。

中国の市場はまだまだ成長しているので、成功している中国企業、韓国企業、欧米企業

図表13 日本と中国の競争環境の違い

日本の競争環境

- 日本のルールは日本企業に圧倒的に有利
- 外国企業が日本で完成しているサプライチェーンに乗せることは困難
- 台湾企業や韓国企業が日本の市場を席巻することはまずありえない（ありえなかった）
- 日本製品はアジアでナンバーワンという過信が続く

中国の競争環境

- 中国のルールはすべての外国企業に平等
- 積極投資と雇用促進、社会貢献をする外国企業には追い風
- 内需の小さい韓国企業は、中国で本気で戦う
- 人脈のある台湾企業は、中国企業とパートナーシップを強化する
- 力のある欧米企業は、積極的に先行投資を図る
- 中国企業は、日本のやり方が最適でないと気づいた

のやり方を素直に真似たほうが効率的です。しかし、日系企業は日系企業のやり方を見習いたがります。この**日本式を守るか、日本式を捨てるかのジャッジがトップには求められるのです。スピードの速い世界のビジネスの現場では「守る」と「捨てる」を意識して戦いに挑まなければならない**のです。

残念ながら、私がこれまでお会いした会社の中で、まだ苦戦していると判断すべき会社は全体の70％くらいありました。このような会社に共通することは、「捨てる」日本への意思決定が遅れ、結果として中国に適応しにくい日本のやり方を「守り」続けているように感じられることです。

もちろん技術やブランドなど、「守る」べき要素は非常に多いですが、営業やマーケティングの実践方法などは思い切って「捨てて」しまい、ローカルスタッフを巻き込みながら一から構築していったほうが結果としてうまくいくのではないでしょうか。

POINT

現在の中国は激しい競争のまっ只中にある。
日本式のやり方は「守る」領域と「捨てる」領域を判断する。

02

日本病に陥っていませんか？

「日本でのやり方にとことんこだわる」
「大事なことは日本人だけで決めてしまう」
「基本的に日本語でしか仕事をしない」

日本病の3要素

これらは課題を抱える日系企業に共通して見られる要素です。私はこれを「日本病の3要素」と呼んでいます。

しかし、ローカルスタッフに「日本だったらこういうやり方をする」とか、「日本企業なんだから日本のやり方を学べ」といった考えはもう通じません。

特に販売やマーケティングの領域では、「**日本流は失敗しやすい**」ということをローカルスタッフはすでに気づいています。大事なことを日本から出向している高給取りの日本人だけで決めているようでは、ローカルスタッフが自分の将来を今の会社と重ねるのは難しいでしょう。また、日本語でしか仕事をしない環境では、日本語のできない優秀な中国人と一緒にビジネスをするのは難しいです。

トップ自身が日本病にかかっていませんか？

日本病にかからない処方箋があります。

まずは**現地のトップがローカル式を覚える**ことです。社用車で通訳を伴って日々行動しているようなら、見えるべきものも見えなくなります。地図と筆談を使って、地下鉄とバスと徒歩でどこへでも行けて、現地の生活、現地のビジネスを心から楽しむことができる人材を本社は見極めて送り出すべきです。

当然、**現地のトップは中国語も短期間でマスターしなければなりません。**在任期間５年になろうとしているにもかかわらず、いまだ初級レベルの中国語しかできない日本人総経理も多くいますが、そのような会社ではローカルスタッフが育ちにくい環境ができてしまっています。

また、別の視点で見れば、現地トップは本社にとって管理しやすい人が多いです。しかし、ビジネスを本当に成功に導ける人とは本社にとってすごく管理しにくい人ではないでしょうか？

私は上海や北京で講演に呼ばれる機会が増えてきましたが、いつも冒頭でこの「日本病とその処方箋」の話をするようにしています。

POINT

中国で失敗する日本企業には共通項がある。現地のトップの意識に問題があることも多い。

03

フィールドが違えばルールも変わる

日本のやり方がサッカーのルールなら、中国のやり方はラグビーのルール

前述の日本病の３要素についてもう少し詳しくみていきましょう。

１つめは「**日本のやり方にとことんこだわる**」でした。

スポーツに例えると、日本のやり方をサッカーのルールだとしましょう。中国ビジネスはまったく別のルール、たとえばラグビーのルールで成り立っているような気がします。

かつて中国企業は日本のやり方をベンチマークしてきました。高品質な製品を生み出す管理システム、組織マネジメントなど、中国が日本をお手本にしていた時代があったのは事実です。しかし、最近では優秀な中国人は日本への留学よりもアメリカでＭＢＡを取得したがります。マーケティングもマネジメントも、アメリカ企業の成功パターンを急速に

取り入れています。ＭＢＡ留学帰りの中国人がトップに立つ中国企業も増えてきており、それを中国式にアレンジし直して、サッカーではなく、ラグビーのルールが完成されてきているのです。

私は船井総研に入社する前はアメリカ企業に勤務していましたが、そのころのビジネスのルールが今の中国のやり方に近いように思います。

日本以外の外国企業は中国でビジネスを展開する場合、できるだけ現地スタッフに権限を委譲するようにしています。ラグビールールに順応するためには、現地の優秀なスタッフにプレイさせるほうがうまくいくことを早期に気づいたからです。一方で、日本企業は依然として日本のやり方を少しだけ中国式にアレンジするようなやり方にこだわってしまっているようです。高品質な製品を生産する管理システムは、まだ日本式でも通用しますが、営業やマーケティングの面ではほとんど通用しなくなってきています。

一例を挙げると、日本企業は初回訪問で担当スタッフから取引したい企業の担当マネージャーにアポイントを入れさせ、階層別に関係構築を図ろうとします。これが中国式ルールだと、最初にトップ同士が面会し、ビジネスの合意を取りつけたうえで、双方が担当マネージャーや担当スタッフに次の段階の打ち合わせを委譲していくやり方です。

中国式ルールでは、担当者同士で大きな方向性の合意をすることが難しいのです。もし、日本式で段階別の関係構築を模索するなら、途中で双方の社内のハードルに阻まれてトップ同士の合意の場を作ることに予想以上に時間を使ってしまうことになりかねません。

もう一つ、ルールの違いがあります。日本企業は名刺と会社案内だけで初回訪問をしようとします。売りたい商品のＰＲをまったく準備していない訪問です。**会社を理解する前に、自社の商品がどれくらい優れていて、取引先にどれくらいの利益をもたらすのかをプレゼンするのが中国式ルールでは当たり前**なのに、日本式ルールでは、この段階で先方のモチベーションを削いでしまっています。そのような不本意な初回訪問をした場合、次からアポイントは取りにくくなり、担当者でさえ会ってくれないという現実が待ちかまえています。

大事な意思決定は中国人スタッフを巻き込め

二つ目の日本病の要素は「**大事な意思決定は日本人だけで決めてしまう**」ということです。日本人だけで決めるということは、日本の商習慣上、合議により意思決定するスタイルになりやすいです。もちろん日本企業のなかにもカリスマ経営者が1人ですべて即決するようなスピード感のある会社もありますが、確率的に日本企業は合議による意思決定をしてしまいがちです。

これが問題になるのは、合議による意思決定が現地だけで行われずに、日本本社も含めた会議を繰り返してしまうことです。このような意思決定プロセスでは、当然ながら意思決定に取引先になりそうな中国企業の予想をはるかに超える時間がかかります。**中国人経営者は、意思決定のレスが遅いことを日本企業にやる気がないことと同義にとらえてしまいます。**せっかく慎重に検討してベストな提案をしようとしていても、時間のロスが前向きな商談の大きなハードルになってしまいかねません。

もう1つ、日本人だけで意思決定することの問題点があります。それは、**ローカルスタッフがなかなか育たない**ということです。アメリカ企業はアメリカ人のトップが長期にわたって中国現地法人のトップに君臨する仕組みを嫌います。アメリカ人トップの給料が中国人に比べてはるかに高いことも大きな要因ですが、戦略的に現地化を急ぐのがアメリカ式です。一方で、日本式は何年にもわたって日本人がトップであり続け、日本本社と連携しながら中国人をマネジメントしようというスタイルを崩そうとしません。

優秀な中国人スタッフにとって、いつまでたっても一労働者にすぎないキャリアパスに不満を抱くのは当然でしょう。少なくとも意思決定のプロセスにローカルスタッフを巻き込んで、労働者ではなくマネージャーや経営者としての意識を早期に植えつけないとローカルスタッフによるローカルスタッフのための会社経営は実現しません。

POINT

中国式ビジネスは現地担当者ではなく、トップから始まる。大事な意思決定はローカルスタッフを巻き込んで決める。

04 日本語だけで仕事ができると思ってはいけない

最新情報は日本語では集められない

日本病の最後の要素は「**日本語だけでビジネスをしたがる**」です。日本語でビジネスをするということは、「日本のやり方にこだわり」「日本人だけで意思決定してしまう」という残り2つの日本病要素を助長してしまいます。

また、情報ソースも日本語限定となれば、取得できる情報はかなり限定的になります。日本の調査会社も数多く中国に進出していますが、優先的に日本の会社に調査をお願いすることになります。しかし、実際にシズル感のある情報は中国語で取得すべきところを、日本語で整理された情報を取ることで、**一昔前の情報をもとに意思決定してしまう**という落とし穴にはまってしまいます。

日本語能力を優先すると業務能力のある社員を採用できない可能性も

　また、日本語で仕事をするということは、日本語が堪能なローカルスタッフを優先して採用することになります。

　しかし、**日本語の能力と業務遂行能力はまったく別の能力**です。日本語力を優先してしまうと、仕事はすごくできるが日本語ができないスタッフは採用段階で不合格になってしまいます。

　このような採用を数年間続けると、業務遂行能力よりも日本語能力の堪能なスタッフが多い組織になってしまい、低い確率で日本語能力と業務遂行能力を併せ持つ人の登場を待つしかなくなります。日本語はできないが、経験もポテンシャルも豊富な中国人が入社してくるチャンスを自ら放棄してしまうことになってしまいます。

　仮に日本語の話せない業務遂行能力が優れたローカルスタッフが入社したとしても、中国語があまり得意でない日本人総経理の直属の部下になる可能性は低いでしょう。その優秀なスタッフの上司はかなりの確率で中国人でしょうし、新しいスタッフの能力を引き出すのも日本語ではなく中国語でのコミュニケーションになるはずです。

POINT

日本語では、最新の生きた情報は取れない。
日本語能力にこだわると、本当に優秀な社員を採用できない。

05

次世代のリーダーにグローバルマインドを植えつける

中国に来ている社員は「日本しか知らない」では対応できない

日本病の克服は、日本の企業文化との戦いとも言えますが、多くの日本企業は長期にわたってグローバルビジネスを展開していかなければなりません。次世代にグローバルビジネスを牽引してもらうために、**若いころからグローバルマインドを植えつける**必要があります。

私は、中国で働いている日本人の大半が初海外勤務地が中国であるということに気づきました。日本を見て世界を見て中国に来る人と、日本だけを見て中国に来る人では、ものの見方、ビジネスマインドに大きな違いがあります。

日本の会社は、赴任前の教育をするプログラムが充実していません。また、マインドセ

ットも不十分で、九州に転勤するような感覚で中国赴任の辞令を出している会社も少なくありません。一方、欧米企業は赴任前教育が充実しているだけでなく、赴任中にやるべきミッションと帰任後のポジションを書面で提示します。結果を残せば昇進、結果を残せなければクビ、という厳しい世界です。

このような外国企業といきなり異国で勝負しなければならないのですから、**現地法人を任せられる日本人は相当マインドセットをしておく必要があります。**

カギは異文化間コミュニケーション能力

中国ビジネスに必要な語学力や法制度、税制度などを専門に教えてくれる研修会社はたくさんあります。日本でも中国でも日本語で懇切丁寧に教えてくれるでしょう。しかし、マインド教育をしてくれる会社は皆無と言ってもいいでしょう。日本でのサラリーマン生活が長ければ長いほど、マインドセットは難しいようです。

ということは、**新入社員のときからグローバルマインドを教育していくことが必要**です。20代のうちから海外の取引先を担当するのもいい経験ですし、海外の取引先の外国人を受け入れてインターンシップを提供する仕組みも効果的だと思います。少しでも多くの異文化間コミュニケーションをとる環境に身を置いた人が中国ビジネスを成功に導けるのではないでしょうか？

POINT

日本でのビジネスしか知らない社員では対応できない。グローバルマインドは若いときに身につけさせるべき。

06

「様子を見る」「バタバタしている」は禁句

「様子を見る」は日本企業のビジネスが進まない諸悪の根源

上海で苦戦されている日本人ビジネスパーソンからよく相談をいただきます。日本の本社との対応に関する相談も少なくありません。日本本社から、「リスクをとるな」「様子を見ろ」と言われるので、コンサルティング契約の締結を待ってほしいと言われることも多くありました。

本社の指示するとおり、「様子を見ろ」の「様子」っていったい何でしょうか？　日本語にはこの便利な「様子を見る」という言葉がありますが、中国語でも英語でもぴったりと当てはまる言葉は見当たりません。日本が世界で勝ち切れない代表句がこの言葉なのかもしれません。

私はこの「様子を見る」という言葉が大嫌いなので、自分では絶対に使わないようにしています。ビジネスで必要なのはＹｅｓかＮｏです。Ｙｅｓなら具体的なステップを、Ｎｏなら現実的な代替案を出すのが仕事だと思います。「様子を見ろ」と本社から指示された人は、中国企業や他の外国企業がどんどん売上を伸ばし続ける様子を黙って見て、給料をもらい続けるつもりなのでしょうか？

「バタバタしている」は言い訳にすぎない

最近では、「バタバタしていて、できていない」と言う日本人が多くいることが気になっています。

「バタバタしている」とはどういう状態なのでしょうか？　**やらなければならないことをやれていないことに対する便利な良い訳にすぎない**と思います。私が日本でも中国でも一緒に仕事をしていて、「この人は仕事ができるな」と思う人は絶対に言わない言葉だと思います。

「仕事ができる」→「いっぱい仕事がある」→「常に忙しい」。

どうですか、毎日、毎日バタバタしているのは当たり前です。「バタバタしているからできていない」という言葉はよく聞きますが、「バタバタしているけどやりました」という言葉は聞いたことがありません。単に仕事をしていない人の言い訳ワードなのです。中国だけでなく、あらゆるシーンで「様子を見る」「バタバタしている」は禁句に設定しませんか？

POINT

「様子を見る」では中国ビジネスのスピードについていけない。
「バタバタしている」は仕事のできないビジネスパーソンの常套句。

07

グローバル人事で頭を悩ます日本人総経理

「人の定着」が中国での経営のキモ

中国では、旧正月を挟んで、ローカルスタッフの退職ラッシュが起こります。本来なら人が定着し、成長することが組織の屋台骨を支えることになるのですが、日系企業に限らず、この**人の定着をしっかりと見据えて経営しなければ、中国でのビジネスの成功は程遠い**と言えるでしょう。

欧米のグローバルカンパニーであれば人事の専門職も中国に赴任することが多いですが、日系の場合、総経理は人事、財務、営業、広報をすべてこなすマルチプレーであることが求められます。その中で、人事に費やす時間と意識は比較的少なくなってしまいます。つまり、**組織を拡大するための評価制度や人材育成のプログラムがないまま、何年も経営を**

続けているわけです。このあたりも日系企業が伸び切れない大きな要因だと言えます。

一番多い退職理由は「評価の不平等感」

一番多い退職理由が、人間関係のストレスだというのは、日本も中国も変わりません。同僚間の人間関係はどの組織でも起こるので、基本的に防ぐのは難しいですが、**上下間の人間関係の問題の多くは、評価の不公平感から来ることが多い**と言えます。

中国ではローカルスタッフ同士で、基本的に自分の給料を公表しています。自分のほうが同僚と比べて仕事ができると思い込んでいる人にとって、自分の給与やボーナスが同僚より低かった場合、一気に不満が膨らみます。一度は上司や総経理に意見を言いますが、聞いてくれない場合が多く、このあたりで退職を決意するようです。

多くの日本人総経理はローカル人事作戦を失敗から学びます。やはり人事の専門家ではないので、人事評価制度を自分で作ることは難しいでしょう。うまくいく会社は1対1のコミュニケーションの頻度と質を改善して、しっかりと評価しているポイント、改善してほしいポイントを伝えることから始めています。組織が拡大するにつれて、いよいよ人事の専門家や専門コンサルタントが入ってきて、ローカル式の給与評価制度などを抜本的に整理していくことになります。

POINT

日本企業の弱点は、現地に人事のプロがいないこと。
中国人が辞める理由は「評価の不平等感」が最も多い。

08

意思決定できない日本人総経理の悲哀

権限と責任が曖昧な日本企業の総経理

最近では、コンサルティングパートナーとして、中国ローカル企業との連携が増えてきました。担当マネージャーからは、船井総研のクライアントも含めて、「**日本企業は意思決定が遅い！**」としばしば苦言を呈されます。

日本の総経理は、１人ですべて決める権限を持っていないという意思決定プロセスに問題がありそうです。たとえば、ある会社は、絶好の立地で賃料もリーズナブルな物件情報を入手しましたが、担当した中国人マネージャーが日本人総経理に相談したところ、「出店の可否判断は日本にいる本部長の最終承認がいる」と自分では決断しませんでした。本部長は次回出張した際に物件の確認をすると言って、１カ月後に上海に来ましたが、当然のごとくその優良物件はとっくに他の会社に押さえられていました。こんなことは日本企業以外なら、総経理の一存で判断できることです。大きなハンデを背負ってしまいました。同じような事例はまだまだあります。社用車を購入するのに、トヨタとホンダのどちらにするかを日本人総経理が本社に電話で相談していたのをたまたま聞いていたローカルスタッフが「この会社に未来はない」と翌日に辞表を提出したケースもありました。

どうも**日本企業、特に中小企業の総経理の場合、明確に意思決定する項目を定義されないまま、責任だけ重くのしかかっている**ようです。本人の能力ややる気の問題ではなく、本社を含めた権限と責任の整理がされないまま駐在させられ、売上不振の責任だけ追及される哀れなケースが中国ではたびたび起こっています。

中国ビジネスは総経理の力量が問われる

中国で「総経理」とは、企業の実務上のトップのことです。日本語の経理とは直接関係がないかもしれませんが、「経理」とは中国語でマネージャーの意味です。総経理とは「**総合的なマネージャー＝ゼネラルマネージャー**」であるということです。

ゼネラルマネージャーと聞けば、プロ野球のフロントと現場をつなぐ役割のようなイメージをお持ちの方も多いかもしれませんが、欧米型の企業では不可欠なポジションです。社長と事業本部長を足したような役割かもしれません。中国ビジネスの場合、本来、ゼネラルマネージャーは戦略の策定、戦略の遂行、業績すべてに責任を負わなければならないポジションと言えるでしょう。

このゼネラルマネージャー（以下、総経理）ですが、日本企業の総経理だけ定義が曖昧で、**責任と権限のバランスが非常に悪い**ように感じます。本来**総経理は中長期視点での事業戦略とその結果に責任を持ち、そのためにはファイナンス、マーケティング、人事に関する重要な意思決定の権限を持つポジションであるべき**だと思います（図表14）。

実際に上海で経営相談を受けるときにも、「本社にお伺いを立ててから返事します」というセリフをよく聞きます。このセリフを聞くと、こちらもモチベーションが下がってしまいます。会社のルール上、最終意思決定権が本社にあることも当然あるでしょう。しかし、総経理に当事者意識があれば「本社を説得してからお返事します」と最低限言うべきだと思いますし、「別のやり方のほうが最適だと判断しましたので今回は見送りたい」のほうがこちらもよほどすっきりします。

図表14 日本型経営とグローバル経営のゼネラルマネージャーの役割

実際に提案をさせていただいても、ＹｅｓともＮｏとも返事がないケースも多くありますが、船井総研上海ではあえて返事を強要しないようにしています。提案内容にＹｅｓ、Ｎｏの返事ができない（判断ができない）総経理であれば、一緒にビジネスをしていく自信がないからです。

意思決定の権限があるか、判断力があるかどうかは常に優秀な中国人社員からチェックされていると思います。総経理が尊敬できなければ、優秀な人からすぐに辞めていきます。**優秀なローカルスタッフを育てられるかどうかは会社の仕組みではなく、総経理の力量によるところが実際には大きい**ですね。

POINT

総経理とは、ゼネラルマネージャーのこと。
総経理の意思決定権の有無で、中国ビジネスの結果は変わる。

09

中国は「商人の国」、日本は「職人の国」

作る人よりも売る人が尊敬される国

日本での講演や研修などで中国ビジネスについて解説する機会も数多くいただいてきました。中国と日本の違いをわかりやすく説明すると、**中国は「商人の国」で、日本は「職人の国」**という言い方ができるのではないでしょうか。

幹部研修などで中国に来られるクライアント企業の社員から「なぜ、中国ではこんなに偽物が多く出回るのですか？」という質問を受けることが頻繁にあります。はじめは、「著作権を守る仕組みや意識が日本と違います」という解説をしていましたが、どうもピンと来ないようです。そこである日から、「日本は職人を尊敬する国なので、作った人の権利を軽視するようなビジネスのやり方は普通はやりません。ですが、中国は商人の国なので、確実に売れるものを模倣するほうが一から売れるかどうかわからないものを開発するよりもはるかに効率的なのです」という説明をしたところ、多くの人が納得してくれました。

もちろん特許権や商標権、著作権で守られている商品のコピーは違法です。至るところで偽物商品に関する訴訟が頻発しています。それでも日本の「職人発想」と中国の「商人発想」は両国の商習慣の違いをうまく表現しているのではないでしょうか？

スピード感のある商人発想

中国の「商人発想」につながるビジネスのルールは非常に理解しやすいと思います。たとえば、初回訪問で商品をプレゼンしなければならないこと、その商品を取り扱うとどれくらいの利益が生み出すのかを鋭く質問されること、初回訪問ですぐに見積りを要求されること、名刺と会社案内を持っていくだけでは次から会ってくれないこと、などはすべて中国の「商人発想」から来ているのではないでしょうか。

また「商人発想」は、儲かると判断すれば予想以上にスピード感のある対応をしてきま

図表15 職人の国と商人の国の違い

	日本人（職人）	中国人（商人）
モノづくりへの思い	●苦労して作り上げるのは難しいが尊い ●いい商品をつくるメーカーをリスペクト	●安ければ出来合いのものでもいい ●自分で考えるより真似るほうが早い
自社工場に望むもの	●厳格な品質管理 ●他社に負けない匠の技	●合理的 ●高収益
取引先に望むもの	●品質・性能・精度・納期 ●会社として金銭面でのメリットがあるか ●社会的信用はあるか	●会社ではなく、自分にメリットがあるか ●自分のコミュニティに入れるか

す。また、どうなるかよくわからない段階では急いでアクセルを踏もうとしません。

日本で長くビジネスを経験すると、「職人発想」をベースにしたビジネスのやり方をしてきます。「職人発想」では、１００点満点の商品でなければ絶対に市場投入をしようとはしません。しかし、中国のような「商人発想」では、市場が80点でいいからより安い商品を求めているのであれば、時間をかけて１００点の商品を作らなくても、あえて80点の商品をできるだけ安いコストで作ったほうが売れると判断します。実際に家電業界などで顕著に見られることですが、この発想を持つ中国企業は時間をかけて１００点商品を準備する日本企業を凌駕していきました。

日本の「職人発想」を否定する必要はまったくありませんが、中国では対局にある「商人発想」が広く市場に根づいているために、この価値観を理解しておくことが大切です(図表15)。その上で、**日本の強みである「職人発想」を独自の技術としてアピールすれば、成功する可能性が高まる**のではないでしょうか?

POINT

中国は「商人の国」であることを理解する。〝商人〟のスピード感覚をベースに、〝職人〟の極め細かさで勝負すべし。

10

これから10年どう中国で戦うか？

中国の成長期は終わりを迎えたか？

読者のみなさまの中には、報道などから「中国はすでに成長が減退して踊り場を迎えつつある」と感じている方も多いのではないでしょうか？

実際は業種によってもエリアによってもライフサイクルが異なります。上海や北京だけが中国ではありません。確かに10年前と比べてビジネスチャンスは小さくなっていると思います。このような**転換期こそ、明確な戦略が成果を決定づけます。**

２００５年から２００８年のリーマンショックくらいまでは、中国は未曽有の成長ステージでした。リーマンショックに対して、世界でいち早く政府がリーダーシップを取って、回復したのは中国です。２０１２年くらいまでは、本当に国の経済が成長していることを

実感できました。この時代は多くの成功企業は「戦略」よりも「スピード」を重視してきました。商品展開の「スピード」、店舗拡大の「スピード」、組織拡大の「スピード」です。「スピード」を重視するためには、「資金」のある会社が競争に勝てます。欧米企業や資金力のある中国企業が経済をどんどん引っ張ってきたのがこの10年間です。

日本の中小企業はニッチゾーンを狙え

しかし、これからの10年間は日本企業、とくに中小企業にとってチャンスがあると考えています。「スピード」と「資金力」を武器にしてきた業界のリーダー企業がいろんなハードルに直面するからです。経済が成熟すると、スキマ産業も注目されます。俗にいう「ニッチ」ゾーンです。

これまで経済を牽引してきた欧米企業や中国の大企業は「ニッチ」の戦い方があまり得意ではありません。戦争に例えると、**「空中戦」から「ゲリラ戦」の戦い方が今後の中国では出てくる**でしょう。「空中戦」をあまり得意としなかった日本の中小企業も「ニッチ」市場で「ゲリラ戦」の戦いができるチャンスがあります。この戦いには**「明確な戦**

市場を“見える化”し、仮説に基づいて戦略を立てれば、中国市場にはチャンスがあふれている

略」が必要です。どの市場で何を武器に戦うか？　**戦う市場を見極める「戦略」と武器としての「独自固有の長所」が問われてきています。**

市場のアンテナは常に張り続ける

戦略を明確にするためには、まずは**市場の変化へのアンテナをきちんと張り続ける**ことが大事です。本書の読者の多くは普段は日本で勤務している方々が多いと思いますが、数カ月に1回は中国出張をして、**貪欲に市場を見ていくことがこれからの中国ビジネスのヒントをいっぱい吸収することにつながる**と思います。自分の関わる業界の繁盛店を貪欲に見に行く姿勢と、「どうしてこの店が繁盛するのか？」「どうしてこのチャネルでそんなにたくさん売れるのか？」のような疑問をどんどん「なぜ？」「なぜ？」と現地のスタッフや現地の友人、現地で出会う人にぶつけて、ヒアリングし続ける好奇心が最も大切なのではないでしょうか？

中国ビジネスに限らず、**海外でのビジネスの成功要素は市場そのものに好奇心を持ち続けて観察していくこと**です。市場に関心がない人が戦略を考えても、当たり前の戦略しか出てきません。当たり前の戦略は他社もすでに実践している可能性が高いので、勝てる確率はそんなに高くないでしょう。まずは市場を見て、中国ビジネスへの感度を常に高めておく姿勢が成功につながっていくのではないでしょうか？

POINT

これからの中国市場は「ニッチ」ゾーンにチャンスがある。市場への飽きなく好奇心が戦略を明確にする。

巻末対談

中国ビジネスでの“正しい”戦い方

吉村 章
Yoshimura Akira

中野 好純
Nakano Yoshizumi

中国市場は日本企業にとって大きなポテンシャルを持つ一方、中国での販売に苦戦している企業が多いのはなぜか？　長く日本企業の中国や台湾におけるビジネスを支援し、中国赴任者向け異文化間コミュニケーション研修の講師としても活躍する株式会社クロスコスモスの吉村章氏と、これから日本企業が中国ビジネスとどう向かい合っていくべきかについてディスカッションした。

中国市場をどう捉えるか

吉村　本日はよろしくお願いします。私も中国や中国人とのつきあいは、学生時代からの年月も合わせると30年以上になりますので、中国ビジネスについて中野さんと本音で話し合いたいことがいっぱいあります。

中野　私は現在、上海でマーケティングのコンサルティングをメインでやっています。これまで船井総研で17年間マーケティングコンサルティングをやってきましたが、基本的には、どこの国でも同じ発想でやれば成果が出てくると思っています。つまり、消費財の場合、日本であろうと、中国であろうと、基本的に答えは消費者にしかなく、消費者のニーズを商品やマーケティングで展開していくやり方になんら変わりはないと思っています。

では、なぜ中国での販売が難しいのか。最近、その原因は中国にあるのではなく、むしろ日本企業のやり方に変な〝しがらみ〟があるからではないかということに気づいてきました。本書の第4章で日本病について書きましたが、実際、日本病にかかっている会社は多いんです。

吉村 私も同感で、著書の中で「あの人なら大丈夫症候群」とか「もうだまされないぞ症候群」と呼んで、具体的事例を紹介しています。日本病については後半でお話することにして、まずは中国市場をどう捉えるかについて話し合いたいと思います。

中野 近年「チャイナ・プラス・ワン」という言葉がありますね。初めは製造業の世界でグローバル・サプライチェーンの意味合いで使われましたが、最近は販売の世界で使われるようになっています。つまり、中国市場で売るのは難しいから東南アジアの市場で売ろうとしているわけですね。

しかし、本書の第2章で書いたように、世界中を見渡して、首都以外のマーケットがちゃんと成り立っているのは、新興国では中国だけだと思います。実は地方都市で首都と同じような市場ができているのは、東南アジアでは1カ国もないんです。

吉村　いわゆる二級・三級都市でも、人口で何千万、広い商圏全体では１億人ぐらいになる。実際、江蘇省と浙江省と上海を併せれば１億３０００～４０００万人ぐらいで日本と同じぐらいの市場規模になりますよね。同じような規模を持つ商圏が中国にはたくさんあるということですね。

中野　私は４０００万人規模の巨大商圏があるかどうかを１つの目安としているんです。４０００万人というのは韓国１国分ぐらい、あるいは日本の首都圏のマーケットが大体そんなものです。中国にはそのような市場が複数あるわけです。

吉村　二級都市・三級都市という言葉から誤解されていることもあると思うのですが、これは二流・三流という意味じゃないんですよね。江蘇省だけでも人口は４０００～５０００万人。十分な商圏です。

中野　そうですね、上海と南京、杭州をつなぐ、いわゆる華東経済圏の中心商圏が４０００万人マーケットです。北京と天津、その周辺もそれぐらいあります。東北地方はちょっと分散していますが、東北全域でそれぐらいありますよね。華南のほうはもちろんです。だから少なくとも4カ所ありますよね。内陸部は4000万人まではいかないけれど、重慶とその周辺とか、成都とその周辺が成長してくれば、1国の市場規模どころじゃなくなります。

吉村　「中国は人口が多いので、市場として大きな可能性がある」と思われがちですが、最初から全国展開を考えるのではなく、「小さく始めて、大きく育てる」が中国ビジネスの極意ですね。中国市場は1つではなく、地域的に捉えないと戦略を見誤るということですよね。

戦略は仮説作りがすべて

吉村　第2章でファクターの洗い出しと仮説作りが重要という話がありましたね。日本人や日本企業の最も弱いところだと思います。「ちょっとやってみよう」とか、「試しにやってみよう」とか、そんな甘い考え方では必ず失敗します。私も「本気でやる」と腹をくくった人を本気でサポートしたいと思っています。もちろん自分がお手伝いできないケースもありますので、そのときには腹をくくった人を本気でサポートしてくれるコンサルタントにつなぐ。自分はそんな立ち位置なのかと思います。

中野　市場調査はそもそも仮説を検証するために行うべきものです。仮説がない調査だと、コストをかけて無駄に膨大なアウトプットが出てくるし、出た後にそれをどう読んでいいのかわからなくなるという2つの弊害があります。仮説が何もなかったら、莫大なコストをかけた調査結果を料理できないまま金庫に大事に入れておくようなものので非常にまずい。しかし、最初に仮説を作っておけば、調査結果を検証することに集中できますよね。だから仮説を持ったほうがいいですよと言っています。
仮説とは、別に事前調査する必要はなくて、その案件に関わっているメンバーで意見を出し合って、「この市場はこういう感じじゃないですか」ということを定義すれば、結果的にその仮説が全否定されてもOKなんです。全否定の結果、どういうことがわかって、それをファクトとしてどうとらえるのか、さらに仮説として検証するのか、その繰り返しだと思うんです。仮説の策定に携わる人は、その瞬間にいろいろなアイデアが出るんですよ。販売に対するモチベーションも責任感も出てきます。これは中国に限らず日本でも他の国でもやるべきだと思うんです。

吉村　まったく同感です。私も個別相談をやっていて、とにかく何でもデータを欲しがる人がいます。何に使うのかわからないけれど、中にはデータ集めで満足しちゃう人もいます。大切なのは、外的要因のデータ収集より、「仮説」のほうですよね。データ集めと同じくらい、むしろそれ以上に時間をかけていただきたいところです。それが戦略につながっていくんですね。

中野　そうです。戦略は仮説策定から始まる。

吉村　仮説づくりという意味で、私がお客様に一番最初に提案するのは、「御社の強みをまず徹底的に書き出して、教えてください」という話なんです。「それをとにかく情報発信してください」と。「情報のキャッチボール体制」という言い方をしているのですが、現地のコーディネーターやパートナー候補企業と情報のキャッチボールができる体制作りをまず勧めます。自社の強みを書き出して、ウェブでもSNSでもいいから情報発信したり、展示会へ出展したりして、「どんな反応が返ってくるか」という体制を作るのが大事ですよと言っています。それから、「誰に売りたいんですか？」ということを考えてもらいます。たとえば、「その品物が製造業のこの部品が中国にあるかないか」「誰が作っているか」「その人とどう競争するか」、この3つを意識して、自分でまず仮説を考えてみてくださいと言っています。外れてもいいからそういう仮説を作ってくれれば、私が現地でコーディネーターを紹介しますよという話をしています。コーディネーターにはこうして検証テーマを与えるわけです。統計調査は後から裏づけを取るために使えばいいのだから、まず自分で仮説を立ててみて、それが合っているかどうか、まず中国へ行ってみて自分で確認してくださいと言っているんです。

でも、相談に来る人は、まず経済統計や産業統計を手に入れることから入ってくる。統計は出てきた時点で、時間的なタイムラグもあるし、誰かの手が入っているわけじゃないですか。でも、それを欲しがるのも日本病なんですかね。

中野 調査資料のボリュームがいっぱいあったら喜ぶという体質は確かにありますよね。調査会社もフィーをとるためにボリュームを膨らます。でも、調査を依頼する側が仮説をもってポイントをちゃんと言わないと、どうしてもそうなりますよね。本当は聞き取り調査をやるべきなのに統計調査から入ってしまう。

第2章で書きましたが、私はその市場に詳しい人の話を聞くのが一番いい調査だと思っています。そのためには仮説を持っていなければいけない。仮説がないとどうなるかというと、たとえば3人に聞いてみたら誰も同じことを言わないので、一番はじめに聞いた答えが仮説になってしまうんですよ。ということは、2つ目に違うことを言われたとき、その2つ目の答えを拒絶しようとするんです。で、3つ目は1つ目とも2つ目とも重なるような曖昧なことを言われたら、1つ目の仮説を検証したことになってしまうんです。

これは危険ですよ。自分の仮説を持ってさえいれば、1つ目が違っていたら、2つ目が検証されていたかもしれない。そういうアプローチがものすごく大事だと思うんです。だから仮説を立てられない人は、どんなにいい調査結果が出ても、戦略を組み立てるのは難しいと思います。

吉村　やはり自分の中で仮説を立てるのが先ですね。調査会社に高いお金を払ってデータ収集をさせるより、とりあえず1回何かやってみたほうがいいということですよね。実は今、仮説作りの勉強会をやっているんですが、そこでいつも言っているのが「頭を整理するための仮説でもいいので、とにかく出してみましょう」なんです。

中野　とにかく早くやる。間違ったら何が間違ったかを考える。とにかく動いて、その場で修正。そのほうが成功する可能性は高いです。

吉村　立ち止まって、そこですぐ修正する。私も中国ビジネスで重要な三要素とは、「スピード」「フレキシビリティ（柔軟性）」「チャレンジ精神」、つまりSFCだといつも言っています。でもこのSFCが弱いのも日本企業の特徴なんですよね。そういう意味では、第2章にあった「コンサルティング会社はディスカッションパートナーだ」というのもすごくいいキーフレーズだなと思います。戦略作りを任せるのではなく、一緒に考えていくんですね。

中野　船井総研上海では、「うちは戦略コンサルティング会社ではなく、ディスカッションパートナーです」という入り方をしています。実際、そういうパートナーを求めている会社のほうが勝てる確率が高いんです。そもそも戦略なんて、外部のコンサルティング会社に丸投げできるような簡単なテーマではないと思うんですよ。

高く売るためには、〝いいもの〟であることを口コミで広げる！

吉村　本書のタイトルは「高く売る」をキーワードにしていますね。高く売るためのコツとしてどんなものがありますか。

中野　中国に13億人がいると言っても、13億人全員を相手にしては駄目です。13億人のうち、ユーザーが10万人くらいでも利益の出るビジネスは十分にあります。自社の商品をどういう人が買ってくれるのか、マーケティングの前段階のターゲティングの発想が重要です。ターゲットが明確でない商品の売り方は的を見ないでいろんな方向に矢を射るだけの行為と同じでしょう。

吉村　「今の中国には富裕層が大勢いるから高く売れるはずだ」という考え方をしている人もいますが、そういう大雑把な考え方ではダメなんですよね。

中野　富裕層への販売という発想もターゲティングの考え方です。ですが、実際に中国でマーケティングをお手伝いしていると、みなさん、「富裕層」を非常に曖昧に定義していると感じています。別に中国人の身分証明書に「富裕層」という表記があるわけではないですよね。日本人は裕福な中国人を「富裕層」と一括りにしていますが、富裕層の中にはお金を持ち歩かなくても、店に行かなくても買い物ができる人たちもいれば、マンションや株を売ってお金が入ったという人も大勢います。「富裕層」をターゲットにしたいという戦略をよく聞きますが、曖昧なターゲットでは戦略は具現化が難しいのではないでしょうか？

吉村　富裕層というターゲットはやはり曖昧なのですね。お金を持っているから高いものも買ってくれるはずだと……。

中野　中国人消費者を「富裕層」「中間層」「一般庶民」などとアバウトに分類していてはマーケティングが成立しません。一口に「富裕層」と言っても、所得を軸にすると何層にも分かれるはずですし、商品によってターゲットになる人は限られてきます。いくらお金を持っていても運転免許のない人は、フェラーリやポルシェのターゲットになりませんよね。大事なのは「どういう人が自社商品のターゲットになるか」をしっかりと定義することです

吉村　ターゲティングがしっかりできるからマーケティングが具現化するのですね。

中野　そうです。店舗で販売するときもECで販売するときもターゲットは明確にしておく必要があります。中国人が〝爆買い〟しているような日本のドラッグストアも、中国人観光客をターゲットにして、商品の陳列、中国語のPOP、ケースでの販売ロットなど、しっかりマーケティングしているから毎日多くの中国人が押しかけてく

るのです。そういう店はいち早く中国人販売員を採用し、中国人観光客がどれくらいの予算で買い物に来るかを把握しています。これもターゲティングとマーケティングの結果なのではないでしょうか？

吉村　それから、「いいものだから売れる」というのも間違いですよね。いいものだから売れるのではなくて、いいものをみんなが「いい」と認めて、それが口コミで伝わると高く売れるわけですよね。ブランディングとは、「有名になる」ことではなく、モノのよさ、つまり〝強み〟を徹底的に主張することだと考えています。いいモノが売れて、その結果として「有名になる」んですよね。

中野　〝いいもの〟というのは売り手の理屈ですよ。消費者がいいものと思ってくれなければその時点で、〝いいもの〟とは呼べないんです。日本人が〝いいもの〟と言った場合、一般的には品質がいいということなんでしょうが、それは当たり前のことです。品質がいいということを何をもって証明するか。一番証明しやすいのは、みんなが「いい」と言っていることですよね。要するに、有名にならなければ売れないということです。

吉村 私もまったく同意見で、自分たちが独りよがりで「いいものだ」と言っているだけではいいものとは言えないということですね。

そのために、私の場合、自分のお客様にはとりあえず自分の会社の商品がどれだけいいものかをまず自分で見極めて、それが中国人にとって本当にいいものなのかどうかを検証するための「強みPRシート」というものを作ってもらっています。独りよがりのいいものである場合もよくありますから。

中野 私の場合、中国人に高く売るためには、彼らが高く買いたいと思う理由づけを消費者の声を実際に聞いて考えます。大きい会社なら50人ぐらいで消費者インタビューを順番にやりますし、小さい会社でも2～3人、身内でいいので必ず聞いて、キーワードを見つけます。3人に聞いてキーワードがまったく見つからなかったら、たぶん高く売れないだろうという判断を下して、クライアントには早期にフィードバックをします。

しかし、たいていの場合、キーワードは出ますね。第3章で紹介した子供服「ら・あんぷるーる」のケースでは、「ギフト」というキーワードが出ました。自分で消費するのだったら高すぎるけれど、他人に贈るものならこれぐらいの価格のものでなければ駄目だよねということですね。贈答品として商品がいいのはわかったので、「デコレーションをもっと派手にしてほしい」というキーワードが出てきて、今準備しているんですよ。

吉村　高く売るという意味では、私はセミナーや研修のワークショップでこんな話をするんです。まず1分間の自慢話ストーリーを考えてください。強みを強調するキーワードを3つ作って、それを他人に1分間で話して、相手がその3つのキーワードを覚えられるかどうか、覚えたことを誰かに伝えたくなるかどうか、伝えた人がまた誰かに伝えたくなるかどうか。ワークショップでは実際にこれをやってもらいます。このような自社の商品やサービスの1分間の自慢話をSNSや「微博」に載せればいいんですよ。私はこれを「情報の1人歩き体制」と読んでいます。情報が広まってブランド価値が高まり、高く売れる。だから、まず徹底的に強みを主張しなければ駄目というのが私の立場なんですよね。それを目指す第一歩が「１分間の自慢話」を作るワークショップです。

中野　それはまったく同感ですね。勧める理由を３つくらいのキーワードに落とせない商品は、特長が見えません。他所でも売られているものだと思います。高く売るためには、高くても買う理由を消費者に聞き、口コミに発信しやすいキーワードを３つに絞り込む、この２つだということですね。

スピードは最高の武器

吉村　ここからは日本病についてディスカッションしたいと思います。第２章で、私が「なるほど」と思ったキーフレーズは、「スピードはまったくコストがかからない最強の武器である」という話です。

中野　うちを事例にして言うと、最近はクライアントを日本企業から中国企業へシフトさせているのですが、うちの中国人コンサルタントが中国企業に提案するとき、即決割引をしているんです。「たとえば今即決してくれたら、5000元割引きします」という感じです。すると、結構乗ってくるんです。相手はオーナー経営者のことが多いので、意思決定の早い人なら成功する可能性が高いんです。社運をかけるほどの金額でない契約の判断が遅れれば、大事なことの判断はもっと遅れてしまいます。だから即決割引で背中を押すんです。ちなみにこれはうちの中国人コンサルタントが自分で考えたそうです。素晴らしい発想だと思い私も見習うことにしました。

吉村　私は台湾の仕事が長かったのですが、台湾人経営者が中国で仕事をするときにこんな点に注意しないと駄目だという三原則があるんです。「三本主義」と言って、本人主義、本土主義、本領主義の3つです。

1つ目の「本人主義」というのは、経営者自らが率先してビジネスの陣頭指揮をとるべきだという考え方。2つ目の「本土主義」というのは、現場主義と言ってもいいと思いますが、自分の足で現場を歩き、自分の目で見て、自分の耳で聞いて、現場の状況を自ら把握することが大切だという考え方。3つ目の「本領主義」というのは、本領を発揮する。つまり徹底的に自社の〝強み〟を見極め、それをビジネスの柱にするという考え方です。これが台湾人の中国ビジネスの鉄則なんです。で、この三本主義を日本企業に当てはめてみると、全部苦手なところなわけですよ。現地法人はすべて本社にお伺い立てしてスピーディさに欠けているし、現地の総経理は現場を見ているかもしれないですが、本社の人間はなかなか来ない。総経理だって3年ぐらいで交替になる。会社の本領を発揮できていない、現場で活かされていない。組織の中で本人主義も本土主義も本領主義もあやふやになったまま、中国の現場と日本本社とがうまくかみ合っていないことがいっぱいありますよね。

中野 なんで日本企業のスピードが遅いかといったら、意思決定の権限が明文化されていないからなんですね。それとやはり大事なのは、グローバルビジネスのスピード感を体感したことがない駐在員が意外と多いからかもしれませんね。

私がP&Gにいたとき、納期が来週というケースはあまりないんですよ。朝ボスから指示が来るんですが、9時に言われた指示の納期はその日の午後2時くらいなんです。普通にやったら2〜3日かかることが多いですが、4時間でやらなくてはならないから、重要なことだけ集中してあとは概要をババッと作ってしまうしかない。では、なんでそれが要るかといったら、4時からの上層部の会議で方向性を決めるために資料が必要だから今作ってくれという仕事の連続だったんです。

日本企業は資料作りの納期がたいてい週明けとか今月中とかになるじゃないですか。指示するほうも「なるはや」とか言いますよね。私は中国人社員に指示する場合、納期は今日中とか明日と明確にするようにしています。

吉村　「なるはや」という言葉が出ましたが、私もこれを「基準の感覚差」と言って研修でも必ず取り扱っているポイントの1つです。「できるだけ早く」とか「時間があったらなるべく早くね」とか、こんな曖昧な指示の仕方はないですよね。

中野　「なるはや」の時間感覚を日本人マネージャー25人に実験したのですが、半数以上の人が翌週中に完成するイメージで使っていました。私は3日以内に完成の感覚でしたのでギャップに驚きました。

中国ビジネスでは引き分けは負け

中野 最近、中国でも講演で呼ばれることが増えてきたのですが、「日本とは文化、商習慣が全く違うんですよ、日本の地方の支社に転勤するような感覚で来ないでください、アメリカよりビジネスが難しい国なんですよ」と言っています。講演が終わってアンケートを見ると、「そういう話は本社に言ってください」と書いてあったりします。せっかく講演にお越しいただいたのだからできれば自分の言葉で報告してほしいのですが……。

吉村 本文の中で、日本人の総経理が社用車をトヨタにするかホンダにするかを本社におうかがいを立てているのを聞いて辞めた中国人社員がいるということが書かれていましたね。実は私も似たような経験があります。ある日本人の総経理がボールペンを何本発注するかの稟議書を本社へ書いているのを見て、中国人スタッフが辞めてしまったという話があるんですよ。1ダースなのか2ダースなのか。そんなことを総経理が決められない会社には未来がないと思われてしまったんですね。なんで日本人はこうなんですかね。これでは、現地の責任者としての資格なしですよね。「任期中、無難にこなす」、つまり引き分け狙いじゃダメなんです。

中野　書面で、ここまでは現地で決めていいよ、ここからは本社と相談しなさいと決めるのがいいのですが、たいてい何も決まっていないです。でも、中国でビジネスをやるとき、本社に怒られたくないというモチベーションではまったく通用しないです。

吉村　現場をわかっている駐在員から愚痴でよく聞くのは、現場は自分の采配でガンガン進めようとしているけれども、敵は中国企業じゃなくて、鉄砲玉が後ろから飛んでくるよねと言う人がいるんですね。結果的に日本本社が現場でがんがんやっている人たちを支援していないどころか、足を引っ張るような状況は変わらないですよね。だから、尖閣諸島問題が起こったとき、〝ほっとした〟日本人総経理がたくさんいたそうです。「売上が伸びない言い訳として、報告書に書ける」と喜んだ人もいたそうですよ。でも、何か本質が違う。政治のせい、経済のせい、中国のせい、中国企業のせい、中国人社員のせい……。責任転嫁は自分の無能さの証ですよね。

中野 本文にも書きましたが、本社からの指示は「様子を見ろ」ですからね。でも、私の仲間内では、「様子を見る」ということは「何もしないで給料をもらうこと」と同義語と言っています。本当に様子を見るんだったら、傷口を広げないように日本人は全員引き上げて出張ベースで推移を把握していくくらいの意味でやるべきです。

吉村 残念ながら、日本企業の場合、「様子を見る」というのは何もしないことなんですね。でも、何もしない戦略なんてありませんよね。

私は赴任者や出張者を対象に、企業研修の仕事をやっていますが、現場で中国ビジネスに携わる人はもっと異文化理解に目を向けていただきたいところです。知っておくだけで起こさずに済むコミュニケーションギャップがたくさんあります。〝転ばぬ先の杖〟です。同時に日本の本社側も現地の総経理に権限を与えて、もっとバックアップする体制を作るべきですね。このような体制を作らないと中国での販売もうまくいかないでしょう。本日はどうもありがとうございました。

おわりに

日本の船井総研に入社して17年目を迎えた3年前、船井総研上海の総経理として現地に赴任しました。それ以降、毎月のように日本の船井総研の会員企業様向けニュースレターでコラムを執筆していました。原稿がそれなりのボリュームになったとき、日本本社の広報スタッフからもらった「本にすることを考えませんか?」という何気ない一言が本書を執筆するきっかけとなりました。

とはいえ、中国ビジネスの話ともなると、2年前に書いたコラムは今ではまったく鮮度のない内容となります。本書は過去に執筆したコラムから引用した箇所も一部ありますが、内容のほとんどは3年間の中国現地でのコンサルティング経験に裏づけられた実質的な書き下ろしとなりました。

実はこれまで日本で勤務をしてきた時代から本を書くことはできるだけ控えてきました。文章を書くのはもともと嫌いではなかったのですが、常に最先端の事例を発信することがコンサルタントとしての自分の役割だと思っていたからかもしれません。
しかし、本書の原稿を執筆する過程で、中国ビジネスの勝ちパターンをルール化してみると、「ビジネスで成功を収めるための原理原則は、実は日本でも中国でも同じである」ということに気がつきました。強いて言うと、日本流を少しだけ中国流へアレンジする方法が肝なのかもしれません。本書で書いた原理原則はおそらく10年後も通用しますし、中国以外の国の市場で販売をする場合にも共通するノウハウだと思います。この本を読んで、みなさまの海外市場開拓の原理原則へのヒントとなれば、この上ない喜びです。

最後に、本書を執筆するにあたって、著者としては素人同然の私を懇切丁寧にご指導いただいた総合法令出版の田所陽一様、前述の何気ない一言で本書を執筆するきっかけを下さった船井総研コーポレートリレーションズの平井和子さん、そして上海のパートナーでＥＣに関する多くの自社資料をご提供いただいた上海ＴＵの久能克也様、巻末対談にご協力いただいたクロスコスモスの吉村章様に心より謝辞を申し上げたいと思います。また、本書での事例紹介にご協力いただいた城下工業の城下徹社長、アネックスデジタルの若林哲平董事長、la・ampleur（ラ・アンプルール）の田中裕久社長、岸田淑子様、松村あかり様、阪神ロジテックの宮原泰道社長、株式会社あおばの宮崎一幸様には紙面でのお礼と代えさせていただきます。

読者のみなさまの中国ビジネスがこれから実り多いものであることを切に願っています。

2015年1月吉日

中野好純

中野《なかの》 好純《よしずみ》

株式会社船井総合研究所　上席コンサルタント
船井（上海）商務信息諮詢有限公司　総経理

1970年生まれ。1993年、P&Gに入社し、新製品の市場導入プロジェクトのプロジェクトリーダーなどを経験。1998年船井総合研究所に入社、多くの海外関連コンサルティング案件を統括。主にクライアント企業のグローバル化、海外戦略立案の支援に従事し、特にマーケティング・販促・販路開拓を得意とする。2012年、船井総合研究所の海外拠点である船井（上海）商務信息諮詢有限公司を立ち上げ、総経理に就任。主に中国（都市部）の消費財・サービス関連の販路開拓、マーケティングを行う。

●船井（上海）商務信息諮詢有限公司オフィシャルサイト
http://www.funaisoken.com.cn/

●船井総合研究所オフィシャルサイト
http://www.funaisoken.co.jp/
無料経営相談0120-958-270（平日10:00～18:00）

〈資料提供〉
上海TU（上海斉優商務諮訊有限公司）
http://www.tuts-china.com/

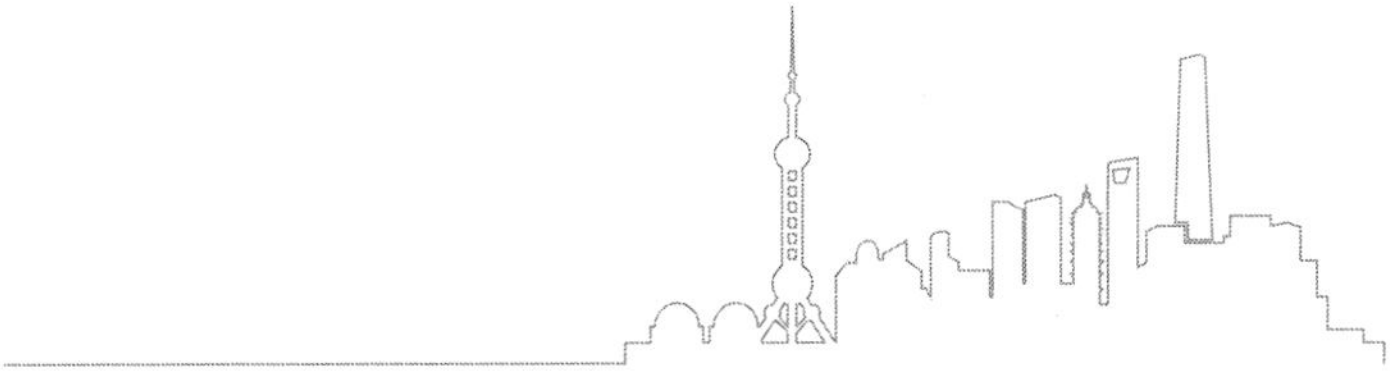

中国市場で日本の商品を「高く売る」ためのマーケティング戦略

2015年 3月 7日　初版発行

著　者　　中野 好純

発行者　　野村 直克

発行所　　総合法令出版株式会社
〒103-0001
東京都中央区日本橋小伝馬町15-18
常和小伝馬町ビル9階
電話　03-5623-5121(代)

印刷・製本　　中央精版印刷株式会社

ISBN978-4-86280-437-2
落丁・乱丁本はお取替えいたします。
総合法令出版ホームページ　http://www.horei.com/